UNE RÉVOLUTION

——

LA SÉPARATION DES ÉGLISES ET DE L'ÉTAT

Autres Ouvrages de M. Raoul ALLIER

SUR LA SÉPARATION DES ÉGLISES ET DE L'ÉTAT

1º *La Séparation des Églises et de l'Etat. Trois projets de loi,* par Raoul Allier. — Ouvrage précédé d'une Préface de Henri Brisson, et contenant l'*Enquête du Siècle,* avec une étude de M. J.-L. de Lanessan. — Edition des Cahiers de la Quinzaine. — Un fort volume petit in-8º de xxiv et 576 pages .... 6 fr.

2º *La Séparation au Sénat,* muni de nombreux documents sur les Associations paroissiales. — Un volume petit in-8º de xii et 320 pages. — Édition des Cahiers de la Quinzaine .... 4 fr.

Ces ouvrages sont en vente à la Librairie Fischbacher,
33, rue de Seine, Paris.

RAOUL ALLIER

NE RÉVOLUTION

TROIS CONFÉRENCES

SUR LA SÉPARATION

DES ÉGLISES ET DE L'ÉTAT

PARIS

LIBRAIRIE FISCHBACHER

33, RUE DE SEINE, 33

—

1906

A

LA MÉMOIRE

DE

EDMOND DE PRESSENSÉ

AUX ÉGLISES OFFICIELLES [1]

MESSIEURS·

Vous comprendrez tous que, dans les circonstances solennelles
où j'ai l'honneur de prendre la parole, je sois incapable de me
défendre contre une profonde émotion. La séparation des Eglises et de l'Etat n'est plus le rêve dont s'enchantaient naguère
parmi nous les idéalistes à outrance. A la suite d'incidents
dans lesquels nos Eglises ne sont pour rien, par la volonté du
Parlement, cette réforme, qui semblait à beaucoup une utopie,
sera sans doute la réalité de demain. Chaque jour les événements
se précipitent un peu plus. On sent chez les hommes politiques
une hâte presque fiévreuse d'en finir avec une question qui crée
partout une incertitude douloureuse. On sent chez eux une ré-
solution d'aboutir vite. Ce n'est plus l'heure, pour nous, de discuter théoriquement sur les avantages ou les inconvénients que
la séparation peut présenter. Dans ces termes, tout débat serait
purement académique, c'est à dire parfaitement inutile. Nous
n'avons plus à notre disposition assez de temps pour le gaspiller
en dissertations sans profit. Nous ne sommes pas devant un problème de doctrine politique que l'on agite à son aise dans des
réunions d'oisifs. Un fait est là. La loi de séparation est discutée
à la Chambre. Elle sera votée peut-être dans quelques semaines
par les députés. Il est possible qu'elle le soit dans quelques mois
par le Sénat. Sans demander son secret à l'avenir, sans essayer
de prévoir si des événements quelconques ne détourneront pas
le cours de l'histoire, sans nous amuser à ce jeu de devinettes
pour salons, nous avons à réfléchir et à nous décider comme si
la séparation devait être réalisée au premier janvier prochain.

Nous sommes devant un projet de loi que les législateurs dis-
cutent. Nous sommes devant les circonstances générales au mi-

---

(1) Conférence prononcée à Reims, le 11 mai 1905, devant le Synode général
offici·ux des Eglises Réformées de France.

lieu desquelles la réforme s'accomplira. Quelle attitude devons-nous prendre? Quelle est celle que doit nous inspirer la loi en préparation? Quelle est celle que doivent nous inspirer les circonstances générales de notre pays?

I

Permettez-moi de commencer par un accroc à la logique. Je devrais débuter par l'examen de la situation légale qui semble devoir être faite à nos Eglises. J'aime mieux aborder tout de suite une des questions qui émeuvent le plus une partie de l'opinion publique : celle du sort qui est réservé, dans la liquidation du régime actuel, aux ministres des cultes.

Ah! certes, l'on comprend la préoccupation cruelle qui obsède beaucoup d'entre nous. Il est impossible de penser sans un serrement de cœur aux souffrances qui attendent sans doute tant de familles pastorales, à tous les dévouements obscurs dont cette épreuve sera la récompense imméritée. Il y a certainement une crainte analogue dans la grande Eglise dont les erreurs politiques ont provoqué cette crise. Mais nous ne pouvons oublier que, chez nous, la situation est encore plus tragique. Il ne s'agit plus seulement de ministres célibataires. Il s'agit de femmes, il s'agit d'enfants; il s'agit de foyers où la gêne est souvent fort grande aujourd'hui, où l'éducation et l'avenir des enfants ont toujours été l'occasion de soucis très vifs, parfois terribles, et où demain toute l'existence matérielle sera dramatiquement mise en question. Oui, il est impossible de penser à tout cela sans une angoisse, et il serait indigne d'en parler avec des paroles légères.

Je n'hésite pas à le dire : la solution proposée par le projet de loi est insuffisante. Les ministres des cultes ayant vingt-cinq ans de services salariés par l'Etat recevraient une pension viagère égale à la moitié de leur traitement et qui, en aucun cas, ne devrait dépasser 1.200 fr. Le taux est mesquin. A y regarder de près, les conditions imposées réduiraient beaucoup plus qu'on ne pense le nombre des pasteurs, même âgés, qui auraient droit à la pension. Les autres recevraient pendant quatre ans une allocation annuelle, égale à la totalité de leur traitement pour la première année, aux deux tiers pour la seconde, à la moitié pour la troisième, au tiers pour la quatrième (1). Cette dernière com-

(1) Contrairement à ce qui a été écrit dans plusieurs journaux, ces indemnités sont rigoureusement personnelles aux pasteurs.

binaison, sans être bonne, est moins mauvaise que tout ce qui avait été proposé jusqu'ici. Comment améliorer tout cela?

Messieurs, cherchons dans la voie où nous avons quelques chances d'aboutir. D'excellent esprits, devant ce problème, ont une solution très simple. L'on aurait dû procéder, disent-ils, par extinction. Chaque ministre du culte aurait gardé son traitement jusqu'à sa mort; le budget officiel aurait diminué progressivement, et il aurait disparu avec le dernier pasteur, rabbin ou curé. En pure théorie, ce système serait le plus équitable, peut-être le seul équitable. Dans la pratique, il n'a qu'un malheur : il est tellement contraire à notre tempérament national qu'il n'arrêterait pas la Chambre un quart d'heure. C'est si vrai que pas un député, même parmi les modérés ou les conservateurs, n'en a fait l'objet d'une proposition. Il n'y a jamais personne pour demander ce qui sera certainement refusé. Il faut donc nous attacher au système qui peut rallier les préférences parlementaires. Et tâchons d'y introduire le plus possible d'améliorations.

Parmi les amendements déposés, j'en citerai deux. Le premier est celui qui a été rédigé par MM. Réveillaud, Louis Mill, Siegfried, Torchut, etc. Il est ainsi conçu :

Les ministres des cultes, actuellement salariés par l'Etat, en fonctions au moment de la promulgation de la présente loi, recevront sur le budget de l'Etat, à titre de pension viagère : la totalité du traitement dont ils jouissaient, s'ils ont plus de cinquante ans d'âge; la moitié de ce traitement, s'ils ont de quarante à cinquante ans d'âge; le quart s'ils ont moins de quarante ans, — sans que toutefois le montant de cette pension viagère puisse excéder 2 000 fr.

Le système est simple. Il a le très précieux avantage de supprimer les calculs fâcheux sur le nombre des années dont le service a été salarié par l'Etat et le nombre des années qui ont été passées peut-être dans un poste reconnu par l'Etat, mais avec un traitement fourni par le Conseil presbytéral. Le premier effet de ces calculs, avec le projet soumis à la Chambre, serait d'ôter à beaucoup de pasteurs le droit à la pension. D'après cet amendement, il n'est plus tenu compte que de l'âge; des difficultés inextricables, ou plutôt des injustices, disparaissent. Je n'ai pas besoin de signaler, en outre, le rapport qu'il y a entre ce système et celui de l'extinction progressive du budget des cultes. S'il était adopté, nous aurions une approximation du régime le plus équitable.

Le deuxième amendement est de M. Marc Réville. Il est d'apparence plus compliquée; mais il vise des cas du plus haut intérêt. J'en lirai d'abord la partie générale. Sa principale originalité consiste dans la mention qui est faite des veuves et des enfants :

Les ministres des cultes actuellement salariés par l'Etat qui, à la promulgation de la présente loi, seront âgés de cinquante-cinq ans accomplis et auront depuis vingt ans au moins rempli des fonctions ecclésiastiques, recevront une pension annuelle viagère égale aux trois quarts de leur traitement, sans que cette pension puisse être ni inférieure à six cents francs ni supérieure à quinze cents francs. Cette pension sera réduite à la moitié de leur traitement actuel, pour les ministres âgés de quarante ans accomplis et en fonctions depuis quinze ans au moins. Elle ne pourra être ni inférieure à 400 francs ni supérieure à 1 200 francs.

En cas de décès des titulaires, ces pensions seront reversibles jusqu'à concurrence des trois quarts de leur montant, au profit de la veuve et des enfants mineurs laissés par le défunt, et jusqu'à concurrence de la moitié au profit de la veuve sans enfants mineurs de vingt et un ans. A la majorité des orphelins cette pension s'éteindra de plein droit.

Pour les allocations, M. Réville accepte les chiffres du projet. Une autre partie de l'amendement touche deux points qu'il serait de toute équité, pour le législateur, de ne point négliger. Je lis :

Dans les communes comptant moins de 2 000 habitants les ministres des cultes antérieurement salariés par l'Etat recevront pendant dix ans, du jour de la promulgation de la présente loi, une allocation annuelle égale à la totalité de leur traitement actuel; à moins qu'ils ne viennent à cesser l'exercice de la profession ecclésiastique. Cette allocation cessera de plein droit dès que l'association dont dépendra le bénéficiaire sera en mesure de constituer une des réserves prévues en l'art. 20. Les ministres des cultes actuellement salariés par l'Etat et dont l'Etat exigeait, conformément aux lois jusqu'alors en vigueur, des titres et des diplômes universitaires avant de les admettre à un emploi ecclésiastique rétribué par lui, continueront à recevoir pendant dix ans, à partir de la suppression du budget des cultes, une allocation annuelle égale à la totalité de leur traitement. Cette allocation sera réduite à la moitié pour les dix années suivantes et au quart pour les années ultérieures.

Je crois inutile d'insister beaucoup sur l'importance qu'aurait cette double mesure. Il est parfaitement exact que ce sont les petites localités qui auront le plus de peine à organiser des associations cultuelles et à les faire vivre. Il y aurait une injustice flagrante à ne pas voir que, sans un ensemble de procédés compensateurs, la séparation sera plus lourde pour les paysans de nos villages que pour les habitants de nos grandes villes. Et il n'est pas nécessaire de souligner les dangers politiques qui résulteraient de cette injustice.

. Et, d'autre part, on ne voit pas pourquoi l'Etat, au moment de la séparation, ne se reconnaîtrait pas une dette particulière envers des hommes qui ont tenu à ne pas être élevés dans la serre-chaude d'établissements ecclésiastiques, qui ont apprécié au plus haut point le privilège d'être les élèves de l'Université, et qui ne sont entrés en fonctions qu'après avoir conquis les diplômes d'une Faculté d'Etat. En 1879, en inaugurant les bâtiments de la Faculté de théologie protestante de Paris, l'organisateur de notre enseignement laïque, Jules Ferry, disait : « L'Université tient par dessus tout à conserver à la Faculté de théologie de Paris son caractère. Les Facultés de théologie sont des établissements universitaires, — non des Facultés de secte, mais des Facultés d'Etat. » En juin 1900, aux fêtes du tricentenaire de la Faculté de Montauban, M. le recteur Perroud, en des termes que l'on n'a pas oubliés, rendait hommage au rôle de cette Faculté dans l'Université de Toulouse. Au moment de la séparation, l'Etat serait mal venu à ne pas se souvenir de la dette qu'il a si souvent proclamée. Il en a vraiment une envers ces Eglises qui lui ont marqué leur confiance et envers tant de pasteurs qui lui ont demandé son éducation et ses diplômes.

Sur toutes ces questions relatives aux personnes, j'ai peine à croire qu'un Parlement républicain se résigne trop aisément à des lésineries qui seraient une violation réelle d'un contrat implicite et qui ressembleraient de façon humiliante à une banqueroute. Il faut réclamer des améliorations du projet. Je n'ose pas espérer que nous obtiendrons toutes celles qui sont souhaitables ; mais je ne puis me figurer que nous n'en obtiendrons aucune (1).

(1) Plusieurs améliorations ont été obtenues, en effet, à l'article 11 (ancien article 9) : 1º Le maximum des pensions a été porté à 1 500 francs, au lieu de 1 200. — 2º La réversibilité des pensions sur les veuves et les orphelins a été accordée, dans les termes mêmes proposés par M. Réville. — 3º Une faveur a été accordée — moindre, il est vrai, que celle demandée — aux petites communes. — 4º Réserve a été faite, selon un amendement de M. Siegfried, des secours accordés aux anciens ministres des différents cultes — 5º Les conditions fixées pour les pensions ont été légèrement adoucies. Mais c'est sur ce dernier point que l'article 11 est le plus défectueux. Les catégories établies sont arbitraires et aboutissent à des injustices flagrantes. Je ne puis pas, dans une simple note, traiter cette grosse question. Je me permets de renvoyer, pour les détails, au volume *La Séparation au Sénat,* que je publie en ce moment même

Mais j'ai hâte d'arriver à un autre ordre de questions. Ne confondons pas les libéralités équitables que de bons serviteurs de l'Etat ont le droit de demander et les libertés que des citoyens ont le devoir d'exiger. Les personnes passeront. Mais les Eglises resteront. Leur destinée dépend sans doute d'elles-mêmes. Pour nous, chrétiens, elle dépend d'un plus grand que les hommes. Mais elle dépend aussi du sort qui leur sera fait par la loi. Il n'est pas indifférent de savoir si le législateur entend leur donner l'indépendance nécessaire à la vie ou les ligoter en vue de les affaiblir.

II

La première question qui se présente à nous est celle des associations. L'Etat ne connaît plus les Eglises comme telles. Il ne connaît plus que des associations formées pour l'exercice du culte et qui succèderont aux établissements publics disparus. Et dès l'abord nous rencontrons un contre-sens grave et qui peut nous égarer en des récriminations erronées et dangereuses. On se figure et on raconte volontiers que toutes les dispositions visant ces sociétés sont restrictives du droit commun. On déclare qu'un régime d'exception est instauré, et l'on dénonce ce régime comme tyrannique. Or rien n'est plus faux que cette interprétation de la loi en discussion.

Le système proposé par le Gouvernement et par la commission, loin de rétrécir le droit commun, en est un élargissement heureux, et j'ajoute : nécessaire. Restons au point de vue financier. La loi du 1er juillet 1901, qui est notre charte de la liberté d'association, n'accorde aux associations déclarées que le droit d'administrer les cotisations de leurs membres. Elle ne leur permet aucune autre recette. Si donc nous réclamions le droit commun pur et simple, nous perdrions, par exemple, le

dans les *Cahiers de la Quinzaine*, et notamment aux chapitres intitulés : *L'article 9, Cahier de vœux, Questions de personnes*. Je ne pense pas qu'il soit sage de demander le bouleversement total du système adopté par la Chambre : ce serait peut-être le meilleur moyen de ne rien obtenir du tout. Il faudrait en tout cas abaisser à 15 ans, au lieu de 20, la durée des services exigés pour l'obtention de la pension et parler de fonctions « officiellement reconnues par l'Etat », et non de fonctions « rétribuées par l'Etat ». Avec cette double correction, le régime imaginé par la Chambre ne serait pas bousculé ; l'article ne serait point parfait, mais beaucoup de ses conséquences fâcheuses seraient supprimées et atténuées, et la tâche des Eglises, pour venir en aide aux pasteurs sans ressources, serait facilitée.

droit de faire aucune quête pour les frais du culte dans les rangs de nos assemblées. Nous ne pourrions faire aucune collecte à domicile pour le même objet. C'est à ce régime que sont soumises toutes les associations qui ne sont pas reconnues d'utilité publique. Ou bien elles ne consistent qu'en associations de personnes qui n'ont besoin, pour se former, d'aucune déclaration préalable ; mais alors elles ne possèdent absolument aucune capacité juridique. Ou bien elles consistent en associations déclarées, et alors elles possèdent la petite personnalité civile et peuvent administrer les cotisations de leurs membres, les cotisations prévues par les statuts. Il est clair que ce régime ne permettrait pas à nos Eglises de vivre. Tous ceux qui se sont occupés de la question l'ont compris. De là, des dispositions particulières dont il faut comprendre l'importance.

Outre les cotisations visées par la loi de 1901, les associations pourront recevoir le produit des quêtes et collectes pour les frais du culte ; percevoir des rétributions pour les cérémonies et services religieux, même par fondation ; pour la location des bancs et sièges ; pour la fourniture des objets destinés au service des funérailles dans les édifices religieux et à la décoration de ces édifices. Beaucoup d'entre nous — et j'en suis — auraient voulu qu'on ajoutât à ces facultés celle de recevoir des dons et legs. N'est-elle pas à peu près indispensable pour préparer, par exemple, le fonds de réserve et ne peut-on, tout en l'admettant, prendre, contre la constitution de biens de mainmorte, des précautions faciles et efficaces? Je doute, pourtant, qu'il soit possible d'obtenir purement et simplement ce droit. On nous dira que nous réclamons en bloc ce qui est le privilège des sociétés reconnues d'utilité publique. Une voie nous est peut-être ouverte. Faisons remarquer que la loi permet de rétribuer, par fondation, des cérémonies religieuses ; que, dans ces termes, elle vise en tous cas les messes pour les défunts ; qu'un certain nombre de ces messes suffiraient pour entretenir un poste de desservant ; qu'il n'y a point, pour les protestants et les israélites, l'équivalent de ces cérémonies ; qu'il serait donc juste de leur permettre des donations qui seraient franchement affectées à l'entretien de ministres du culte ; et qu'il serait plus simple encore de le permettre à tout le monde, sans distinction de religion (1).

(1) Un amendement de M. Jules Legrand, demandant cette liberté, n'a été écarté qu'à très peu de voix de minorité. Il y aurait lieu de revenir sur cette réclamation.

Cet élargissement du droit commun ne va pas jusqu'à autoriser la capitalisation indéfinie. En toute conscience, je ne le regrette pas. Je ne veux pas me placer ici au point de vue politique et parler des craintes légitimes que la société civile serait en droit d'éprouver. Ce qui m'intéresse dans une assemblée de chrétiens, c'est le point de vue religieux. Oserions-nous dire, devant Dieu, que notre rêve serait d'avoir des Eglises qui, grâce à l'accumulation d'or et d'argent, n'auraient plus à faire appel à la générosité de leurs membres ? Non, l'Eglise normale n'est pas celle qui n'a qu'à toucher ses coupons et qu'à partager ses revenus entre ses ministres. Malheur à celle qui, par avarice, condamne son pasteur à mourir de faim ou à s'en aller ! Mais malheur à celle, aussi, qui n'a plus besoin de compter sur le dévouement et le sacrifice. Elle est en danger de mort spirituelle, à partir du jour où son existence matérielle est assurée et où la générosité n'est plus, pour ses membres, qu'un luxe moral et qu'un geste d'élégance.

Voilà les propos qui nous conviennent. Mais il ne s'ensuit pas que le législateur ait mission d'organiser lui-même, pour les Eglises, les exercices d'ascétisme. Qu'il défende les droits de la société civile, soit ; mais il n'a pas à se charger de l'éducation de la société religieuse. Aussi bien cette prétention, qui serait exorbitante, ne se traduit-elle pas dans le projet. Celui-ci attribue aux Eglises le droit de former trois caisses.

La première est celle des dépenses courantes. Le contenu n'en est pas limité. Chaque association cultuelle peut y verser tous les trésors qu'elle voudra, mais à la condition de les dépenser conformément au but pour lequel elle existe. Elle est libre de doubler, tripler son budget ; elle n'a, pour cela, qu'à doubler, tripler son activité d'évangélisation.

Elle n'arrive pas à dépenser ce qui lui est versé pour ses frais de l'année ? Elle a reçu, par un don manuel, une somme très importante et dont elle ne sait que faire ? Elle ne veut pas jeter l'argent pour le seul plaisir d'épuiser ses fonds et sans savoir si l'œuvre que l'on fonderait aujourd'hui continuerait demain ? Et elle demande qu'on la tire d'embarras ? C'est très simple. Ici intervient une deuxième caisse. Les associations pourront, dit l'article 20, constituer une réserve, dont les fonds, déposés à la caisse des dépôts et consignations, devront être complètement affectés, y compris les intérêts, à l'achat, à la construction, à la décoration d'immeubles ou meubles. Je vous prie, Messieurs, d'en croire un homme qui est habitué à la vie des Eglises séparées de l'Etat. Ce qui est dangereux pour elles, ce ne sont jamais ou presque jamais les dépenses courantes ; ce sont ces dépenses extraordinaires qui, de temps en temps, sont nécessitées par l'état des temples ou des chapelles. Ce qui est écrasant pour elles, ce sont les mémoires des maçons, des architectes, des plombiers et autres respectables personnes dont les travaux coûtent plus cher que l'exercice du culte. Or cette caisse destinée aux réparations et aux constructions n'est soumise à aucune limitation. Vous y verserez toutes les sommes que vous voudrez... ou que vous pourrez.

Reste une troisième caisse, celle de la réserve proprement dite. D'après le texte primitif du gouvernement, conforme à l'ancien texte de la commission, le revenu total de ce fonds ne devait pas dépasser la moyenne annuelle des sommes dépensées pour les frais et l'entretien du culte. Si ce texte avait été maintenu, les Eglises auraient été libres de capitaliser jusqu'au jour où les coupons de leurs titres de rente leur auraient permis de vivre sans quête ni collecte. Cette faculté a été ramenée à un chiffre plus modeste. mais dont la modestie est singulièrement exagérée. D'après le projet actuel, c'est le montant global de ce fonds qui ne doit pas dépasser le budget annuel. C'est beaucoup trop peu. Une Eglise, dont le budget s'élève à 10.000 francs, ne pourrait pas avoir un revenu de plus de 300 francs. On voit quel serait le revenu permis à une Eglise plus humble ; ce serait dérisoire. Obtiendra-t-on l'ancien chiffre admis par la commission et le gouvernement ? J'en doute. D'après un amendement proposé, le montant global du fonds de réserve pourrait être égal au budget total de trois années. C'est encore trop peu. D'après un autre amendement, le revenu — je dis, Messieurs, le revenu, et non pas le montant global — de ce fonds pourrait représenter le tiers du budget annuel. Ceci serait très acceptable (1).

Avec des avances un peu sérieuses, la vie serait parfaitement possible ; et il n'y aurait lieu ni de s'effrayer, ni de récriminer. Aussi bien, si l'on dispose de beaucoup d'argent, il y a des moyens fort simples pour en mettre de côté, sans qu'il soit nécessaire d'en venir à l'immoral procédé des « caisses noires ».

___

(¹) La Chambre a adopté le premier de ces deux amendements. en l'élargissant un peu : pour les unions et associations ayant plus de 5.000 francs de revenu, le fonds de réserve ne pourra pas dépasser une somme égale à trois fois la moyenne annuelle des sommes dépensées par chacune d'elles pour les frais du culte pendant les cinq dernières années : pour les autres unions et associations, il pourra égaler six fois cette somme. Ce n'est pas suffisant.

Le premier moyen est d'augmenter les dépenses d'évangélisation. Du coup, le budget est grossi ; et le budget étant grossi, la réserve a le droit de s'augmenter. Ce mécanisme est très simple. Un second moyen ne manque pas d'élégance. En vertu de l'article 17 (1), chaque association pourrait verser, sans donner lieu à perception de droits, le surplus de ses recettes à d'autres associations dans le besoin. Il y aura des paroisses pauvres qui auront de la peine, non seulement à fonder leur caisse de réserve, mais encore à suffire à leur vie quotidienne. Il y aura une caisse centrale dont le fonctionnement ne sera peut-être pas toujours facile. L'union nationale des associations essaiera, de son côté, d'avoir une caisse de réserve. Les paroisses riches, les paroisses encombrées de leurs fonds, les paroisses tentées de solliciter l'autorisation de thésauriser, trouveront là de multiples occasions de montrer leur générosité. Et s'il leur arrive un jour des malheurs, si elles connaissent la gêne, la caisse qu'elles auront alimentée de leurs cotisations et de leurs dons, à son tour, les soutiendra ; et elles auront la récompense de leurs sentiments solidaristes. Et s'il déplait à l'une d'entre elles d'exercer, à l'égard des autres paroisses, ce ministère de fraternité, c'est son affaire : nous la laisserons gémir devant l'étroitesse de sa caisse trop petite pour contenir ses trésors, et nous attendrons, pour la plaindre, qu'elle ait d'autres épreuves.

Messieurs, il faut réclamer — et ceux qui avons une plume ou une voix nous ne nous ferons pas faute de réclamer — que la limitation des fonds de réserve soit portée un peu plus haut. Il le faut ; et si nos demandes sont raisonnables, il me paraît difficile que nous n'obtenions rien. Mais, en attendant, au lieu de déplorer l'insuffisance de nos caisses, avisons entre nous au moyen de les remplir. C'est par ce souci, beaucoup plus que par des récriminations, que nous rendrons service à nos Eglises.

Au lieu de penser trop aux limites imposées au droit de capitaliser, veillons avec un soin jaloux sur le droit de fédérer en unions nationales, avec une caisse centrale, nos associations pour l'exercice du culte. Ces unions nationales — c'est à dire dans notre langue les synodes nationaux avec capacité juridique — ont failli être interdites. On a voulu les empêcher de dépasser les bornes d'un département : c'était absurde. On a voulu les empêcher de s'étendre sur plus de dix départements : c'était encore méconnaître l'essentiel de nos revendications. On a fini par inscrire dans le projet de loi le droit que nous réclamons.

(1) Devenu l'article 19.

C'est bien. Mais nous ne permettrons pas qu'on le biffe. Il y est, il faut qu'il y reste.

Nous tenons à l'organisation presbytérienne synodale, non seulement parce qu'elle est une condition de vie matérielle, mais parce qu'elle constitue la physionomie morale de nos Eglises et résume notre tradition. Nous ne souffririons pas qu'on enlevât aux catholiques leurs évêques. Nous entendons qu'on respecte nos institutions démocratiques. Nous voulons avoir notre Parlement. Il serait indigne de la République d'imiter Louis XIV. Les Chambres n'y consentiront pas. Nous en avons la conviction intime. Mais, pour le cas où la tentation de décapiter les Eglises protestantes visiterait quelques esprits, il faut qu'on sache ceci : réformés, luthériens, membres des Eglises libres, méthodistes, nous serons irréductibles sur cette question. Nous comptons loyalement, sans réserve, sur la justice des pouvoirs publics. Mais en aucune circonstance, sous aucun prétexte, nous ne laisserons prescrire notre droit (1).

III

Je passe à la question des biens appartenant à nos conseils presbytéraux et à nos consistoires. Ici, je puis être plus bref. Parmi ces biens, il faut distinguer ceux qui sont destinés à l'exercice du culte et ceux qui sont grevés d'une autre affectation. Les seconds — quelques écoles et beaucoup d'établissements charitables — ne peuvent aller aux associations cultuelles qui, par définition, ne devront avoir d'autre objet que l'exercice du culte. Ils seront attribués par les conseils presbytéraux ou les consistoires soit aux établissements publics, soit aux établissements d'utilité publique dont la destination est la même. Le gouvernement précédent avait une autre solution. Il estimait qu'au lendemain de la séparation, ces biens étaient sans maître et il les attribuait à l'Assistance publique. C'était du pur Louis XIV. Le projet actuel, d'accord avec les intentions premières de la commission, ne prononce pas de ces confiscations arbitraires. Un consistoire, un conseil presbytéral, qui possède une école, un orphelinat ou une maison de santé, n'a qu'à chercher un établissement protestant d'utilité publique, qui puisse se charger d'administrer ce bien conformément aux volontés des fondateurs. Le caractère religieux de cette école, de cet orphelinat, de cette maison de santé, ne sera pas altéré.

(1) Le projet voté par la Chambre admet ce droit.

Je crois, en conscience, qu'il ne nous sera pas impossible de nous accommoder de cette disposition. Encore faudra-t-il sans doute que, dans quelques cas, l'Etat ne refuse pas un certain nombre de reconnaissances d'utilité publique. Elles seront nécessaires pour permettre, en toute équité, le jeu de la loi. Il aurait été beaucoup plus simple d'autoriser la dévolution de ces biens à des associations déclarées qui se seraient formées d'après la loi de 1901 et que l'on aurait soumises, pour satisfaire des scrupules légitimes, à une surveillance et à un contrôle rigoureux. Ce contrôle et cette surveillance étant possibles pour les associations cultuelles, pourquoi ne le seraient-ils pas pour les associations charitables ?

En ce qui concerne les biens destinés au culte, les difficultés n'existent pas. Ils constituent pour les Eglises un patrimoine dont le législateur trouverait inique de les priver. Ce patrimoine a été constitué par les dons des fidèles pour l'exercice d'un culte déterminé. Il sera consacré, dans l'avenir, comme dans le passé, à l'exercice de ce culte. L'employer à autre chose serait le détourner de sa destination. Et à qui en confier la propriété et l'usage, si ce n'est aux associations déclarées qui succèderont aux établissements publics des cultes ?

Qui fera cette dévolution? Les établissements publics eux-mêmes, avant de disparaître. Ce sont eux qui désigneront les associations appelées à les remplacer. Ce sont les Eglises elles-mêmes qui règleront la transition d'un régime à l'autre. Si elles savent le faire dans la paix, si elles savent, en cas de compétition et de conflit, organiser l'arbitrage et l'entente, le pouvoir civil n'aura aucun prétexte pour se mêler de leurs affaires. C'est ce qu'elles demandent, et cela dépend d'elles seules.

IV

J'arrive à une autre catégorie de biens, ceux que les Eglises ne possèdent pas, mais dont elles ont la jouissance. Ce sont tous les temples et les presbytères qui appartiennent à l'Etat, aux départements ou aux communes. Que vont-ils devenir? Qu'en fera-t-on? Cette question ne va pas sans une profonde émotion du public religieux.

D'abord, quand ce sont — il y en a quelques-uns dans ce cas — des édifices antérieurs au Concordat, ils ont été mis à la disposition de nos Eglises en compensation de tant d'autres immeubles qu'elles avaient eus jadis, mais qu'on ne pouvait plus leur offrir puisqu'ils avaient été démolis à la révocation de l'Edit de Nantes. En ôtera-t-on l'usage aux descendants des hommes qui ont vu s'écrouler leurs temples par l'ordre de Louis XIV ? Il serait difficile d'en éprouver de la fierté pour la République.

Et quand ce sont des édifices postérieurs au Concordat, qui dira la part des fidèles dans la construction de ce qui appartient aujourd'hui à telle ou telle commune ? Voici, par exemple, le temple de Saint-Avit-du-Moiron, dans la Gironde. Le terrain sur lequel il s'élève a été fourni par un protestant. Les fonds pour l'achat des matériaux et le paiement des maçons ont été collectés au domicile des paroissiens. Des paroissiens ont donné gratuitement leur travail. Or l'édifice est propriété communale. L'église catholique du même village est exactement dans les mêmes conditions. Qui donc mettra dans la tête des fidèles des deux cultes que, dans ces édifices, ils ne sont pas chez eux, à la lettre ? Et ce que je dis de Saint-Avit-du-Moiron, je pourrais le répéter d'une foule de localités.

Aussi bien y a-t-il ici quelque chose de plus important que l'argent plus ou moins considérable qui a pu être versé par les croyants pour la construction de leur lieu de culte. Qu'ils aient payé ou non pour le bâtir, ils y ont mis quelque chose de leur âme. J'ai lu je ne sais où que, lorsque le grand Jean-Sébastien Bach cherchait l'inspiration musicale, il aimait à se retirer dans la solitude de quelque vieille église de village. Il s'y enfermait, et sentait peu à peu revivre autour de lui la multitude des êtres disparus qui, dans ce sanctuaire, s'étaient ouverts à quelque chose de divin, avaient apporté leurs joies, leurs douleurs, leurs angoisses, avaient lutté, avaient prié. Et quand il avait retrouvé cette communion avec ce qu'il y a de plus profond dans l'humanité, le chant jaillissait de la vie frémissante. Messieurs, nous faisons tous dans une certaine mesure l'expérience de Bach ; et tout homme qu'un parti pris sectaire n'a pas rendu incapable des émotions les plus naturelles, nous le mettons au défi de ne pas comprendre et de ne pas éprouver, même au plus fort de son incroyance, les sentiments auxquels je fais allusion. Voilà pourquoi, malgré les objurgations violentes d'un fanatisme sans poésie, la République ne peut pas ne pas réserver aux cultes ce qui a été consacré aux cultes. Elle n'ira pas, elle ne peut pas aller contre les sentiments les plus intimes des populations.

On l'a toujours compris, et on le comprend de plus en plus. D'après le projet actuel, il y a d'abord une période de deux ans pendant laquelle tous les édifices servant à l'exercice des cultes ou au logement de leurs ministres seront mis gratuitement à la disposition des associations. Après ces deux ans, il y a une période pendant laquelle ces mêmes édifices seront obligatoirement loués aux associations ; cette période sera de dix ans pour les édifices servant aux cultes et de cinq ans pour ceux destinés au logement des ministres. Et, pour cette location, que l'Etat, les départements et les communes ne peuvent pas refuser, on spécifie que le taux n'en pourra pas être supérieur à 10 0/0 du revenu moyen annuel des établissements supprimés.; d'après la façon dont ce revenu serait établi selon les termes mêmes de la loi, on peut présumer que ce loyer, même porté à son maximum, serait très faible. Or aucun minimum n'est indiqué. Il peut être abaissé jusqu'à un franc.

Ces dispositions ne sont déjà pas très tyranniques. Or il n'est pas malaisé de saisir une tendance à les rendre plus équitables encore. On sent toujours mieux que les édifices du culte sont pour les cultes, qu'ils ne sauraient être affectés convenablement à d'autres services et que, d'ailleurs, en les détournant de leur destination naturelle, on froisserait les sentiments les plus respectables. La pensée se fait jour de plus en plus, en dépit des criailleries de certains, qu'il ne faut pas que la question religieuse se représente, dans chaque localité, tous les cinq ou dix ans, à propos de la location des églises ou des temples, et que le plus simple est de les mettre à la disposition des associations cultuelles pour une durée indéfinie, gratuitement ou moyennant un loyer fictif. Que ces vues finissent par l'emporter et un grand pas sera fait vers la pacification des esprits (1).

Il est clair que, dans cette solution, les grosses réparations incomberont aux associations cultuelles. On ne se figure guère les communes se chargeant d'entretenir des édifices dont elles renonceraient à disposer ou à tirer profit. Et, d'autre part, pour les fidèles, ce ne serait pas payer trop cher une sécurité définitive. Si l'on était propriétaire, on aurait bien ce soin, et l'on ne s'en plaindrait pas. Or la jouissance gratuite et indéfinie, avec la tranquillité d'esprit qu'elle apporte, n'est pas sans doute tout à fait la propriété; mais, dans la pratique, elle en est presque l'équivalent. Et c'est pourquoi l'émotion sera singulièrement diminuée dans le pays si les populations, au lendemain de la réforme, voient les mêmes lieux de culte à la disposition des mêmes clergés pour les mêmes cérémonies, si elles vont s'asseoir sur les mêmes bancs pour assister aux mêmes offices qu'hier, si elles

---

(1) La Chambre a accordé aux Eglises la jouissance gratuite et indéfinie des lieux de culte. Elle a refusé d'aller jusque-là pour les autres édifices, mais continuant à limiter à deux ans la durée de la jouissance gratuite des évêchés et archevêchés, elle a porté à cinq ans cette durée pour les presbytères, les grands séminaires et les Facultés de théologie protestante.

entendent, dans la paix du soir ou du matin, les mêmes cloches lancer à travers les campagnes leurs chants d'idéal, de consolation ou d'espérance. Elles auront la sensation physique et morale que c'est la même France qui continue à vivre, et elles sentiront renaître la paix faite de confiance et la bienveillance faite de sécurité. Notre patrie en a besoin.

V

J'aborde enfin le chapitre du projet de loi dont le nom seul inquiète bien des consciences et choque les esprits libéraux : celui sur la police des cultes. Le mot de « police » a quelque chose de blessant pour les âmes religieuses. Elles y voient une négation *a priori* de la liberté. Elles ne réfléchissent pas que l'antinomie n'existe pas forcément entre ces deux choses et que la première est souvent une condition *sine qua non* de la seconde. La police de la rue est-elle un obstacle à la circulation ? N'est-elle pas plutôt ce qui assure nos libres allées et venues ?

On répond : « C'est vrai, mais pourvu que la police ne soit qu'une forme du droit commun. Or celle que la loi prétend organiser ne consiste qu'en des mesures exceptionnelles et qui ne visent que l'exercice de la religion. Si l'on nous met hors du droit commun, c'est par esprit de suspicion injuste et de taquinerie tâtillonne. » Je me demande à quel droit commun pensent ceux qui parlent ainsi.

Ils ne veulent pas, j'imagine, traiter les réunions de culte comme des réunions privées auxquelles l'on ne serait admis qu'en exhibant une carte d'initié ou une lettre d'invitation. Nous entendons qu'elles soient ouvertes à tous les inconnus en quête d'un réconfort, d'une espérance ou d'une consolation. Mais si nous voulons qu'elles soient telles, souhaiterons-nous qu'elles soient soumises à la législation de droit commun qui s'applique aux réunions dites publiques ?

Dans ce cas, c'est très simple. Il faut que l'assistance nomme un bureau, composé d'un président et de deux assesseurs. Le président donnera la parole au pasteur et il ne la refusera pas aux personnes qui voudront contredire le sermon. Il obtiendra le recueillement, s'il le peut... Vous représentez-vous nos cérémonies religieuses sans recueillement ? Qu'y deviendrait l'esprit de méditation et de prière ? Quelle sécurité procureraient les temples et les églises à la multitude d'âmes qui les considèrent comme des asiles contre les bruits du dehors, comme les seuls refuges où soient possibles la contemplation des réalités supérieures, le repliement sur soi, la communion avec l'invisible ? Tout notre être proteste contre l'invasion du tapage dans le sanctuaire. Et, par conséquent, en dépit de tout, nous demandons un privilège pour des réunions que nous voulons publiques et pour lesquelles nous revendiquons le droit au recueillement. Nous exigeons que le silence soit protégé contre les perturbateurs.

Mais, si l'on accepte cette idée, il faut en accepter la conséquence logique et juridique. Il ne saurait y avoir de privilège sans une responsabilité correspondante. Vous voulez que la loi frappe quiconque viendra troubler les offices. Soit, mais alors il faut qu'elle frappe aussi le prédicateur imprudent qui pourrait être la cause première des désordres. Pour que le juge puisse punir l'énergumène qui aura interrompu une cérémonie par ses cris, il faut qu'il puisse lui dire : « Ce n'est pas à vous à faire la police des lieux de culte et à réprimer les paroles qui ne doivent pas être prononcées. » Et pour que le juge puisse tenir ce langage, il faut que la loi soit la première à imposer au prédicateur la prudence et la tenue.

Ce qui inquiète beaucoup d'entre nous, c'est cette responsabilité professionnelle que l'on veut établir. On la croit contraire au droit commun. Or elle lui est tout à fait conforme. Il y a, dans le Code pénal, des pénalités prévues pour le vol ; et elles s'appliquent à n'importe quel Français qui se rend coupable de ce délit ou de ce crime. Mais si le coupable est un homme qui a profité de la confiance mise forcément en lui, si c'est un domestique, un voiturier ou un hôtelier, les pénalités sont aggravées pour lui. Il y a d'autres crimes dont les sanctions sont haussées, quand ils sont commis par un médecin, un pharmacien, un instituteur. Pourquoi n'y aurait-il pas une responsabilité spéciale pour l'homme qui veut avoir le droit de parler sans contradicteur et à qui tant de fidèles — car enfin il n'y a pas que des protestants dans ce pays — attribuent le pouvoir d'accorder ou de retenir le pardon divin et d'ouvrir ou de fermer les portes du ciel ?

La séparation des Eglises et de l'Etat peut faire entrer ce pays dans une ère nouvelle d'individualisme religieux. Elle peut avoir pour lui de prodigieuses conséquences morales. Mais à tout cela il faut une condition : c'est que la réforme ne donne pas le signal d'une guerre civile. C'est pour ce motif que, surtout dans les débuts, il importe d'écarter résolument des Eglises la politique.

Vous me direz : « Nous ne mettons pas d'un côté la vie et de l'autre la religion. La religion ne consiste pas, pour nous, en des rites et en des formules. Elle est un esprit qui pénètre tout. Elle doit être entièrement laïque, et tout ce qui est laïque peut et doit être pénétré de religion. Votre nouveau code pénal tiendra-t-il compte de tout cela ?» Messieurs, je suis tout le premier à soutenir avec vous cette conception de la religion. Je ne vois pas comment des protestants pourraient avoir un autre langage; et ce n'est pas moi qui demanderais à des législateurs réunis en concile ce qui est de la religion et ce qui n'en est pas. Leur avis, sur ce sujet, me laisse froid. Mais je vous prie de relire le texte du projet. Les prédications que la loi interdit et réprime sont celles qui provoquent directement à résister à l'exécution des lois ou à soulever une partie des citoyens contre les autres. Franchement, nous pouvons prêcher le christianisme social le plus avancé sans pousser à la construction de barricades ou aux coups de fusil. Si quelqu'un se sent gêné par cet article, il est bien susceptible.

Ce qu'il faut, c'est introduire dans cette partie de la loi quelques améliorations de détail qui ne soulèvent aucune difficulté de principe. Ce qu'il faut, c'est demander que la responsabilité de l'association cultuelle ne soit pas prononcée dans tous les cas de délit commis par un prédicateur, qu'elle ne le soit *ipso facto* qu'en cas de récidive, et que, dans les autres cas, l'association soit admise à prouver qu'elle n'a aucune part dans l'infraction commise. Demandons, en outre, que la responsabilité de l'association ne s'étende pas à ses directeurs et administrateurs, et que la loi Bérenger puisse être appliquée (1). Les menaces de la loi — je ne crains pas de l'affirmer — n'ont rien d'inquiétant pour les protestants. Tâchons de les atténuer pour les catholiques, qui risquent, de très bonne foi, d'être compromis par des prédicateurs tout pleins des souvenirs de la Sainte-Ligue.

Messieurs, au lieu de voir surtout les garanties que la société civile est tenue de prendre contre les fauteurs possibles de guerre civile, sachons distinguer les garanties nouvelles que la loi en discussion promet à nos Eglises. Pour la troisième fois, dans notre pays, la liberté de culte est proclamée. Au lendemain des tourmentes de la Révolution, elle a duré quelques années. Bonaparte n'a pas tardé à la confisquer. En 1848, elle a eu quelques mois d'existence, et, depuis, nous ne l'avons plus revue, du moins dans la loi. A l'heure où je parle, cette liberté n'est pas fondée. Nous ne pouvons ouvrir un lieu de culte sans une autorisation provisoire du préfet, et, si nous voulons une autorisation définitive, sans un décret du Conseil d'Etat. Le décret du 19 mars 1859 nous régit encore. De plus, en vertu de

____

(1) De ces trois vœux, les deux derniers ont été admis par la Chambre.

2

l'article 294 du Code pénal, l'individu qui, sans la permission de l'autorité municipale, aurait accordé l'usage de sa maison ou de son appartement, en tout ou en partie, pour l'exercice d'un culte, même autorisé, serait passible d'une amende de 16 à 200 francs. Nous sommes à la merci de toutes les réactions cléricales et de tous les fanatismes antireligieux.

A travers tout le siècle dernier, nos évangélistes, nos publicistes, nos orateurs n'ont pas cessé de réclamer la suppression de l'article 294 du Code pénal et celle du décret de 1859. Aucun gouvernement n'y a jamais consenti. M. Waldeck-Rousseau lui-même s'y est opposé, en invoquant les articles organiques. Nous pouvons enfin saluer le jour où la prédication de l'Evangile n'aura plus besoin d'une autorisation administrative. C'est la caractéristique du projet actuel. Ne serait-il pas juste de la souligner ? Pour moi, je ne me serais jamais dispensé de profiter de la tolérance que les mœurs et l'opinion imposent de plus en plus aux pouvoirs publics. Mais, comme démocrate, j'ai horreur des tolérances. Je veux la liberté garantie par la loi. On nous la donne enfin. Ayons l'air de nous en apercevoir.

<h2 style="text-align:center">VI</h2>

Je viens de vous exposer, très en gros, le régime légal que la séparation, telle que le Parlement l'envisage, semble devoir donner à nos Eglises. Faisons abstraction des difficultés et des souffrances qui risquent de leur venir d'une foule d'autres circonstances, et tout d'abord de la façon dont nous avons négligé de prévoir cette crise et de nous organiser en conséquence. Prenons ce régime légal en lui-même. Il n'est pas exact de dire que nous sommes en présence d'un projet de persécution. Je refuse, pour ma part, de donner le nom odieux de persécution aux ennuis qui peuvent être causés par le seul jeu de la liberté.

Certes, il faut que la loi soit encore améliorée, et j'estime que nous sommes tenus d'y travailler de toutes nos forces. Nous ne le devons pas seulement à nos Eglises, dont c'est l'intérêt évident. Nous le devons à cette démocratie elle-même qui nous entoure, à laquelle nous appartenons par toutes les fibres de notre être, et que nous voulons aider, à cause d'elle-même et à cause de son idéal, à réaliser sur la noble terre de France un régime de justice et de liberté.

Mais pour améliorer la loi, — ne nous faisons pas d'illusions, — il faut y travailler avec loyauté. Il faut s'abstenir avec scrupule de méconnaître les sentiments intimes de ceux qui peinent à la recherche de solutions juridiques et de leur prêter des intentions qu'ils n'ont pas. Il ne faut pas juger le projet actuel au travers de l'émotion causée par d'autres projets qui étaient réellement mauvais, mais qui ne sont pas venus en discussion devant les Chambres. Pour obtenir justice, il faut commencer par être équitable soi-même. Voyons ! Messieurs, de quoi s'agit-il ?... De demander la correction du projet sur quatre ou cinq points. Insistons sur ces points. Ne nous lassons pas de le faire par des articles, par des démarches, par des pétitions. Mais, si nous voulons réussir, ne noyons pas ces quatre ou cinq réclamations légitimes et nécessaires dans je ne sais quel concert de lamentations générales et superflues qui empêcheraient les pouvoirs publics d'entendre et de distinguer nos propositions précises et utiles. Si nous mettions tout sur un même plan, si nous donnions l'impression que nous n'acceptons de la loi absolument rien, ne nous leurrons pas : avec une semblable tactique, nous n'obtiendrions aucune amélioration pour aucun détail, même pour aucun des détails les plus importants. Nous sommes dans un de ces cas où la franchise est une forme de la fermeté et la justice une preuve du courage.

D'ailleurs, ce n'est pas seulement le projet, tel qu'il est conçu, qui nous impose une certaine conduite ; ce sont les circonstances générales dans lesquelles nous nous trouvons. Il s'agit de savoir quelle sensation nous allons produire sur la France et, pour exprimer toute ma pensée, sur la France républicaine.

Un fait est certain : c'est que la séparation des Eglises et de l'Etat peut donner le signal d'une lutte violente, non pas contre tel ou tel ministère, mais contre le régime même du pays. Il est des partis qui ne cherchent que des prétextes pour inquiéter des intérêts et pour déchaîner des passions. Ils en trouveront un dans la séparation comme ils le trouveraient dans n'importe quoi. Ils prétendent servir la religion et ils s'en servent au profit de leurs rêves politiques. Beaucoup de catholiques, à cette heure, — j'en connais et j'ai reçu la confidence de leurs angoisses, — gémissent à la pensée du mal que ces partis pourront faire au catholicisme. Si ce mal se produit, je le déplore pour des hommes que j'aime et honore. Mais ne permettons pas à ce mal de s'étendre jusqu'à nos Eglises. Prenons-y garde : il y a telle attitude de bouderie systématique, il y a tels propos de perpétuel mécontentement qui, de la part de beaucoup d'entre nous, n'auraient aucune signification mauvaise contre la République, mais qui seraient exploités avec une science infinie contre cette démocratie que nous avons tant contribué à fonder.

En cette crise de la séparation, évitons avec un soin jaloux de prêter la main à ce qui serait le plus contre nos principes.

Laissons de côté les partis politiques. Considérons ce qui va se passer dans la grande Eglise qui, somme toute, est responsable des événements actuels. Quelques-uns de ses fils acceptent sans tristesse un « désétablissement » qui, s'il se réalise dans des conditions de justice et de liberté, leur apparaît dès maintenant comme une cause probable de renaissance religieuse et d'épanouissement moral. Ils n'ont aucune répugnance contre l'esprit moderne et, déjà réconciliés avec lui, ils voudraient bien amener à cette réconciliation la multitude de leurs frères. Je sais cela, je m'en réjouis. Mais il y a des chances aussi, il y en a beaucoup, pour que d'autres catholiques soient résolument opposés à la séparation, non point parce que tel ou tel projet leur semble vexatoire, mais par principe et comme en vertu d'un dogme. Vous savez que le *Syllabus* condamne la proposition : « L'Eglise doit être séparée de l'Etat, et l'Etat séparé de l'Eglise. » Je n'ignore pas qu'on développe, dans beaucoup de séminaires, une interprétation du *Syllabus* qui étonnerait fort les hommes politiques (1). Mais je n'ignore pas, non plus, que cette interprétation n'est pas courante, qu'on la présente souvent de la façon traditionnelle et simpliste, et que les anathèmes de ce document, comme ceux de la bulle *Quanta cura*, risquent d'être, en certains milieux, le mot d'ordre et la règle de l'action politique. Voici, par exemple, Mᵉ Théry, ancien bâtonnier du barreau de Lille, qui, dans un mémoire préparé pour l'archevêque de Cambrai, après avoir décrit les inconvénients incontestables et les injustices réelles du projet Combes concluait : « On est loin de l'idée que poursuivaient, il y a cinquante ans et plus récemment encore, les catholiques libéraux réclamant l'Eglise libre dans l'Etat libre et l'égalité de tous les cultes. On voit où nous ont menés ces dangereuses rêveries condamnées par le *Syllabus*. »

Il ne faut pas s'y méprendre. Voilà ce qui est au fond de beaucoup — je ne dis pas : de toutes — de beaucoup des critiques catholiques contre la séparation. Mais, ces arguments-là, on ne peut pas les produire devant le pays sous peine de provoquer un sursaut de colère. On les masque derrière d'autres attaques. La moindre difficulté sert de prétexte pour crier à la persécu-

<hr>

(1) A ceux que la question intéresse, je recommande les études de M. Paul Viollet : *L'Infaillibilité du Pape et le Syllabus, étude historique et théologique* (Paris, 1904) ; *Infaillibilité et Syllabus, réponse aux « Etudes »* (Paris, 1905).

tion. La vérité, c'est qu'on ne désire pas une amélioration de la loi. La loi la plus équitable tomberait toujours sous la condamnation du *Syllabus*. Ceux qui s'en tiennent au manifeste de Pie IX veulent que l'Eglise soit d'Etat, avec le secret désir que l'Etat puisse être un jour d'Eglise.

Nous sommes dans un pays qui ne comprend pas la distinction de la religion et du cléricalisme. Une multitude de nos concitoyens ne demandent qu'une chose. C'est de nous prendre pour ce que nous ne sommes pas. C'est de dire : « Les hommes religieux sont tous les mêmes. » C'est de soutenir qu'il n'y a pas de pires cléricaux que les protestants. Sachons repousser, non seulement par des paroles, mais surtout par des actes, une confusion dommageable. Il ne s'agit pas ici de discuter la conception catholique des rapports de l'Eglise et de l'Etat. Qu'elle soit pleine de majesté, qu'elle soit susceptible d'interprétations diverses et inattendues, ou qu'elle soit entièrement erronée. peu nous importe : elle n'est pas la nôtre. Nous avons nos raisons pour en adopter une autre. Et puisque nous sommes aux antipodes du système romain, nous ne voulons pas d'une solidarité fâcheuse avec ce que nous répudions.

Entendons-nous bien. Il ne s'agit pas de nous associer, serait-ce par le silence, à des vexations sournoises ou violentes contre le catholicisme. Nous avons trop souffert de la persécution dans le passé pour l'admettre aujourd'hui contre personne. Je suis à mon aise pour parler ainsi. Je n'ai pas réclamé pour nous une liberté, que je ne l'aie réclamée en même temps pour les catholiques. J'ai revendiqué pour eux comme pour nous la fédération nationale des sociétés cultuelles. J'ai protesté contre le dessein que d'aucuns avaient de tenir la hiérarchie catholique en dehors de la formation des associations qui seront admises à la dévolution des biens ecclésiastiques. Nous ne voulons de privilège pour personne ; et, si nous nous souvenons, comme on nous le reproche, de la révocation de l'édit de Nantes, c'est pour demander qu'on n'en commette pas une nouvelle contre l'Eglise qui a béni la première. Le jour où les catholiques seraient vraiment persécutés, ils entendraient s'élever en leur faveur la voix des fils des huguenots.

Mais, ceci restant bien entendu, nous refusons de nous solidariser avec les colères de Rome.

VII

Messieurs, il y a une solidarité à laquelle nous devons tenir beaucoup plus. C'est une solidarité d'âme avec ce qu'il y a de plus généreux et de plus haut dans les ambitions de notre peuple. Ah ! certes, je ne crois pas que ce peuple de France comprenne toujours très bien ce qu'il rêve et ce qu'il poursuit. Il y a des heures où il semble soulevé par un vent de haine contre l'idée religieuse. Et cela nous désole parce que nous sentons bien que, sous ces mouvements de révolte, il n'a pas une intelligence réelle de ce qu'il déteste et voudrait détruire. Et les meilleurs parmi les hommes religieux, ceux qui sont le plus pénétrés de l'esprit démocratique, sont parfois tentés de s'irriter. Ils auraient tort. Sachons nous pencher sur ce qui nous afflige. Sachons démêler des sentiments infiniment complexes et tumultueux. Alors nous découvrirons qu'il n'y a pas seulement de la pitié pour les foules, mais de la justice à leur égard, de la justice stricte, à comprendre ce qui palpite dans cette âme populaire. Elle s'imagine haïr la religion, et elle en veut surtout au despotisme religieux qui, durant tant de siècles, a pesé sur elle. Elle se figure en avoir fini avec les perspectives de l'audelà, parce que des interprètes prétendus autorisés de cet audelà se sont servis de ces perspectives pour endormir la volonté d'introduire un peu plus de justice dans les relations de ce monde. Elle se souvient que l'auteur du Concordat a voulu s'assurer dans les prédicateurs de l'Evangile une sorte de gendarmerie auxiliaire pour la protection des privilégiés de la terre. Comment voulez-vous dissiper ces malentendus et combattre ces rancunes ?

L'occasion s'en présente à nous. Nous sommes à la veille de la séparation. Nous n'avons rien fait pour hâter cet événement. Nous n'avons aucune part dans les incidents qui ont amené les hommes politiques les plus concordataires à préparer euxmêmes cette réforme qu'ils qualifiaient naguère encore d'utopie. Eh bien ! soyons capables d'accepter cette révolution — car c'en est une —, mais non pas comme une de ces fatalités sous lesquelles on se plie en gémissant. Ne nous résignons pas à elle comme à l'inévitable que l'on réprouve au fond du cœur. Distinguons en elle un moyen de marquer à ces multitudes qui nous entourent notre pénétration de ce qui les agite et notre volonté de leur montrer ce qu'elles ont besoin de voir.

Allons vers elles, franchement, courageusement, et disonsleur : « Vous voulez la séparation des Eglises et de l'Etat parce que vous avez pris en horreur la théorie de la religion considérée comme un service public ? Soit ; mais nous l'acceptons, cette séparation. Elle vous est une façon de manifester contre les oppressions d'autrefois ? Soit ; elle vous fournira l'occasion de regarder à l'œuvre des Eglises qui ne maudissent pas la liberté, mais qui la chérissent, — des Eglises qui ne réclament pas la liberté seulement pour elles, mais qui la revendiquent pour tout le monde, y compris ceux qui les combattent, — des Eglises qui veulent communier avec vous dans vos rêves les plus légitimes et dans vos ambitions les plus généreuses. »

Messieurs, nous croyons avoir quelque chose à donner à notre peuple. Mais, pour que cela soit possible, il faut qu'il nous écoute. Or, il ne nous écoutera qu'à deux conditions.

La première, c'est qu'il ne se figure pas que nous sommes opposés à l'idéal de liberté qui le hante. Il se détournera de ceux qui feront mine de se mettre en travers de l'évolution moderne et de condamner la sécularisation de l'Etat. Ne dites pas qu'il aurait tort de nous confondre avec les représentants de l'Eglise romaine, avec les incorrigibles autoritaires qui continuent de rêver « la contre-révolution au nom du Syllabus ». Il aurait tort, c'est évident. Mais, une fois ce tort proclamé, nous serions bien avancés ! Notre peuple persévèrera dans cette confusion aussi longtemps qu'il ne nous connaîtra pas. Faites en sorte qu'au lendemain de la réforme il soit obligé de distinguer entre des hommes obstinés à défendre, à coups d'anathèmes, le dogme de la compénétration de l'Eglise et de l'Etat, tremblant d'introduire dans leur organisation hiérarchique un peu d'air et de démocratie, dénonçant comme une attaque et une persécution toute mesure qui tend à ne pas river des âmes à une institution ecclésiastique, — et d'autre part les protestants de toutes dénominations rivalisant entre eux de zèle pour se montrer dignes de la liberté, soucieux de comprendre les aspirations de notre siècle et de leur rendre justice, jaloux d'apparaître, au milieu de la démocratie de la cité, comme la démocratie de la religion. Vous pouvez enseigner ces principes dans des livres. Vous pouvez les proclamer par des conférences. Il y a une manifestation plus importante que celle des écrits et des discours. C'est celle d'un fait que tout le monde est obligé de constater.

Il y a, Messieurs, une autre condition à remplir pour que vous soyez écoutés de ce peuple. Il faut que ce peuple croie que vous existez et que vous êtes une force. Or il ne le croit pas. Permettez-moi de vous parler en homme qui ne vit pas seulement dans nos temples et dans nos sacristies. J'ai le privilège de passer une partie de ma vie dans les milieux les plus divers. A une heure de la journée, je suis dans l'Université. A une autre heure, je traverse le monde de la politique et du journalisme. J'estime que nous serions fous de nous faire des illusions. L'on est convaincu, tout autour de nous, que la religion, celle qui n'est pas faite de fanatisme politique et de formalisme vide, est morte et bien morte. Cela s'écrit tous les jours; mais cela se dit encore plus que cela ne s'écrit; et cela se pense encore plus que cela ne se dit. Et savez-vous ce que l'on ajoute? On ne craint pas d'affirmer que cette conviction, que la religion est morte, existe dans les Eglises elles-mêmes. Et c'est ce qui a rendu si dangereux certains propos que l'on a tenus parmi nous. Quelques hommes, fort bien intentionnés d'ailleurs, ne se sont pas contentés de dire — ce qui est vrai — que la séparation ouvrira une crise terrible dans nos Eglises et que celles-ci n'y sont point préparées. Il leur est arrivé de montrer nos pasteurs obligés d'abandonner leurs presbytères sans pain, nos temples fermés faute de pasteurs, nos Eglises mourant parce qu'on leur enlevait les 1 600 000 fr. du budget des cultes. Je ne suis pas assez sot pour ne pas saisir, sous ces exagérations, leur pensée exacte. Mais ce que je suis en mesure de leur affirmer, c'est que leurs propos ont été entendus de la façon suivante : « S'il en est ainsi, si la séparation doit avoir de telles conséquences, c'est que le Concordat est un moyen artificiel de maintenir des religions qui n'existent plus. » C'est là l'opinion courante. Il est possible de la réfuter par des arguments que je connais bien et que je serais capable de répéter. Mais qui les écoute, ces réfutations? Qui lit les quelques articles que nous pouvons écrire sur ce sujet? L'affirmation opposée est répandue à des centaines de milliers d'exemplaires. Elle est colportée chaque jour par la presse. Elle fait le fond de tous les discours de réunions publiques. Et notre peuple est de plus en plus convaincu que le christianisme aurait déjà disparu de cette terre sans l'appui de l'Etat et du budget public.

Comme chrétien, je ne sais rien de plus insupportable que cette opinion. Il faut la dissiper à tout prix. Messieurs, nous n'en viendrons pas à bout par des brochures, par des articles de journaux, par des conférences. Nous n'en triompherons que par la manifestation splendide d'un fait, en forçant les plus sceptiques à constater que la religion porte en elle-même sa puissance de vie et de conquête. Si j'allais jusqu'au bout de ma pensée, je dirais que, depuis longtemps, le monde qui nous entoure avait besoin de cette apologétique faite d'actes et non de paroles; et je soutiendrais volontiers que nous aurions dû prendre l'initiative héroïque de cette démonstration salutaire. Mais je ne me permets pas d'entrer dans cette thèse. Je veux respecter absolument les convictions d'hommes que j'aime et que j'honore, et qui n'ont pas cru l'union des Eglises et de l'Etat incompatible avec des efforts de conquête religieuse. Mais je les supplie de considérer, non pas leurs préférences ou les miennes, mais la réalité qui nous assaille. L'heure de la séparation va sonner. N'est-ce pas aussi l'heure de proclamer que l'œuvre du Christ n'est pas liée à celle de Bonaparte? Le Concordat et les articles organiques périront. Mais l'Evangile sortira, de toutes les crises, vivant et rajeuni. Si nous ne le croyons pas, ne le disons pas. Mais si nous ne le croyons pas, sommes-nous chrétiens?

VIII

Vous voyez à quelles conclusions je suis conduit. On répète volontiers parmi nous que nous sommes en pleine obscurité. Mais il faut s'entendre là-dessus. Ce qui est obscur, ce n'est pas, à proprement parler, l'avenir. Ce qui est obscur, c'est la disposition réelle de notre être intime, c'est notre volonté. Les circonstances seront ce qu'elles pourront. Ce qui me préoccupe, c'est de savoir de quoi nous serons capables devant les circonstances.

Nous avons à nous le demander et à répondre à cette question tragique. Ne vous y trompez pas. L'histoire dépend de la façon virile ou lâche dont le protestantisme saura s'interroger et répondre. Le pire serait de s'abandonner à une sorte d'autosuggestion de découragement. De quoi s'agit-il en somme? D'augmenter d'un cinquième environ ce que les protestants donnent déjà pour toutes leurs œuvres. Osera-t-on dire que ce cinquième n'est pas dans les bourses de nos fidèles? Ou bien osera-t-on dire que ces mêmes fidèles sont arrivés au maximum de leur dévouement possible? L'une et l'autre hypothèse sont également inacceptables. La première est absurde, et la seconde est injurieuse. Voilà ce qu'il faut voir et crier bien haut. Mais si l'on commence par se « frapper », si l'on se met dans la tête que nos Eglises seront au-dessous de leur tâche et incapables de suffire à leurs besoins, alors cette prédiction d'impuissance se réalisera. Dans l'ordre moral, la prédiction du fait crée le fait lui-même. Si vous vous laissez mordre par je ne sais quelle pensée de faiblesse et de désespérance, vous serez dans le cas de l'Indien atteint par une flèche empoisonnée avec du curare. Le malheureux perd d'abord la direction de ses organes, puis la voix et la parole, puis les mouvements des membres et de la face, puis ceux du cœur; et, sans rien perdre de la lucidité de son intelligence, il assiste à cette invasion d'immobilité qui est l'invasion de la mort. Il se couche sur le sol et il attend sa fin…

Contre le virus de ce curare spirituel, qu'on appelle le découragement et la peur, il est un contre-poison, mais un seul : la conscience du devoir et la confiance en Celui qui nous appelle à le servir dans les périls et aussi dans la joie de la liberté.

Il ne s'agit pas d'aller au-devant de je ne sais quelle idylle. Nous entrons, non pas dans une pastorale à la Florian, mais dans un drame. Je suis convaincu que de grandes choses seront possibles, et que nous assisterons à la naissance d'un protestantisme nouveau. Mais j'ai toujours cru que les naissances ne s'accomplissent jamais que dans la douleur et dans l'angoisse. La vie ne surgit que d'une sorte d'agonie mystérieuse... Messieurs, parlons en chrétiens. Dieu nous convie à la lutte et à la souffrance: c'est qu'il nous bénit. Il nous appelle à une vie plus intense et plus réellement consacrée. L'appel à la vie revêt toujours la même forme de l'appel au sacrifice. N'oublions pas que le symbole du triomphe est pour nous une croix.

Et ceci n'est pas, dans ma pensée, je ne sais quelle invitation à nous leurrer nous-mêmes et à nous supposer capables de miracles. Ah! certes, non, je ne crois pas en moi et je ne vous exhorte pas à croire en vous. Doutons de nous-mêmes jusqu'à toucher, à certaines heures, le fond du désespoir. Mais ne faisons pas à Dieu l'injure de douter de lui. Encore faut-il que notre foi ne soit pas puérile et paresseuse. N'attendons pas de lui je ne sais quel prodige qui transformerait soudain la réalité par un coup de théâtre et qui, même dans nos régions les plus indifférentes, ferait surgir, devant nos yeux justement étonnés, une multitude d'Eglises magiquement transfigurées et débordant de l'enthousiasme de vivre. Ce n'est pas là qu'est notre foi. Elle implore, non pas un changement de décor à vue, mais un repliement des consciences sur elles-mêmes, le souci de comprendre les nécessités présentes, la volonté d'accepter les sacrifices, les énergies victorieuses de tous les obstacles, le courage qui s'alimente sans cesse dans la communion de l'invisible.

Il y a dans le livre du prophète Esaïe quelques lignes mystérieuses et qui me reviennent souvent à la mémoire :

> On me crie de Séir:
> Sentinelle, que dis-tu de la nuit?
> Sentinelle, que dis-tu de la nuit?
> La sentinelle répond :
> Le matin vient, et la nuit aussi.

Messieurs, il en est aujourd'hui comme aux temps lointains d'Esaïe. Demain, ce peut être la nuit, une nuit de froid et de cauchemars. Demain, ce peut être l'aube resplendissante de rayons, l'aube mère de joie et inspiratrice d'ambitions. Dieu confie à nos Eglises le soin de choisir. Elles ont déjà fait leur choix : elles veulent la vie, elles veulent la liberté, elles veulent la conquête.

AUX ÉGLISES LIBRES [1]

Messieurs,

L'heure est solennelle pour nous. Un des principes essentiels que l'Union des Eglises évangéliques libres de France représentait devant le protestantisme de notre pays, et devant notre pays lui-même, est à la veille de passer comme une réalité vivante dans notre existence nationale. La séparation de toutes les Eglises et de l'Etat sera sans doute réalisée dans quelques mois. Certes, il ne saurait nous déplaire de voir enfin s'instaurer chez notre peuple ce qui nous apparaît comme le régime normal de la vie religieuse. Mais nous ne sommes pas des enfants qui se réjouissent candidement à l'annonce du cadeau désiré par eux et qui n'examinent pas la valeur de ce qu'on leur donne : nous voulons savoir la qualité de la réforme promise. Et nous entendons aussi nous conduire en hommes qui ne regardent pas seulement les faits s'accomplir devant eux, mais qui, devant les événements, s'interrogent d'abord sur leur devoir. Quelle sera notre conduite en face de la loi préparée ?

Ce n'est point la question de principe qui se pose pour nous. En un sens, c'est bien elle, mais non pas sous sa forme abstraite. Nous sommes séparatistes, mais selon la justice et la vérité. Nous sommes séparatistes, mais nous ne faisons pas consister l'essentiel de la réforme dans la suppression du budget des cultes, et nous exigeons la liberté pour nous comme pour les autres, pour les autres comme pour nous. Nous sommes séparatistes, mais nous réclamons que cette révolution s'accomplisse avec équité pour les Eglises dont on va dénouer les liens avec l'Etat.

Cette attitude est, d'ailleurs, dans notre tradition. Il y a quelque vingt ans, une tentative ayant été faite pour supprimer brutalement, sans transition, et même sans élaboration d'un régime

(1) Conférence prononcée à Moncoutant, le 28 septembre 1905, devant le Synode de l'Union des Eglises évangéliques libres de France.

nouveau, le budget des cultes, notre cher, notre toujours regretté Edmond de Pressensé protesta, comme il savait protester, contre cette prétention exorbitante. Disciple irréductible de Vinet, il n'admettait pas qu'on violât la justice sous prétexte de réaliser révolutionnairement un principe et qu'on abrogeât des lois en biffant des crédits. Et lui, l'homme des Eglises libres, il défendit, devant le Sénat, le budget des cultes contre les propositions d'un personnage qui, à cette heure même, combat la séparation. Personnellement, j'ai toujours devant moi l'exemple d'Edmond de Pressensé ; et j'avouerai sans honte que, si, depuis une dizaine de mois, j'ai lutté pour les libertés essentielles de la conscience, je ne me suis jamais soucié de le faire dans l'intérêt particulier de telle ou telle Eglise.

Notre mérite, Messieurs, s'il existe, n'est pas original. Dans la période qui vient de s'écouler et qui continue, les protestants ont fait bloc. Ils se sont sentis unis par des liens profonds. Et il me sera bien permis de dire que, dans ces circonstances tragiques, le président de la Commission permanente du Synode officieux des Eglises réformées a été l'homme du protestantisme français tout entier. Il s'est dévoué sans réserve à la cause de toutes les Eglises de toutes les dénominations, qui était pour lui la cause de l'Evangile et de la liberté. Il n'a reculé devant aucune démarche. Il a su s'adresser à tous les hommes qui étaient en position de collaborer vraiment à la réforme. Il a su se faire écouter d'eux. C'est sans nul doute à son attention toujours avertie, à ses interventions patientes et obstinées, à l'autorité que bien des membres de la commission lui ont reconnue, que nous devons quelques-unes des améliorations les plus précieuses du projet. Vous comprendrez tous, Messieurs, que je saisisse cette occasion d'exprimer ici publiquement à M. le pasteur Lacheret notre respectueuse et profonde gratitude.

I

C'est pourquoi je ne puis pas, pour apprécier la loi, me placer au seul point de vue de nos Eglises libres.

Nous pensons tous encore aux angoisses que nous avons éprouvées, au temps du ministère Combes, pour les Eglises dont on allait supprimer le statut officiel. L'homme d'Etat qui se mettait en tête de réaliser soudain la réforme qu'il avait commencé par condamner, avait une théorie fort simple. Les Eglises sont des personnes morales qui, dans le moment de la séparation, prennent fin. Elles meurent sans laisser d'héritiers. L'Etat le constate et il étend sa main sur les biens qui se trouvent alors sans maîtres. Puis, pour montrer qu'il n'est pas sans quelque bienveillance, il concède la jouissance toujours précaire de ces biens aux associations qui se seront formées pour l'exercice public des cultes. Il s'assure par là des moyens faciles de s'ingérer sans cesse dans la vie intérieure des Eglises. Il a l'air d'accomplir la séparation et il organise le conflit perpétuel et nécessaire de la conscience et de l'Etat... Messieurs, le projet de loi que nous avons dû, pendant quelques mois, à cette philosophie simpliste, n'est plus qu'un souvenir. Aucune des vexations qu'il préparait avec soin n'a pris place dans le projet que la Chambre, d'accord avec le gouvernement, a voté le 3 juillet dernier.

Dans la question des biens, un principe a été proclamé : c'est que ces biens, réunis avec l'autorisation de l'Etat et par les libéralités des fidèles, devaient être réservés aux cultes pour lesquels ils avaient été réunis. Ils ont été constitués pour un culte ; c'est l'association représentant réellement ce culte qui doit les recevoir. « Si, à côté d'elle, disait M. Briand dans la séance du 20 avril, une autre association se forme, pour un culte différent, il n'est que juste qu'elle se fasse un patrimoine avec ses propres ressources. » Le fameux article 4 n'a pas d'autre sens.

Nous sommes particulièrement heureux que, dans la question des églises et des temples appartenant à l'Etat, aux départements ou aux communes, et qui servent à l'exercice public des cultes en vertu des lois du 18 germinal an X, la Chambre des députés et le gouvernement aient compris qu'il serait mal d'aller contre le sentiment général des populations. Celles-ci n'auraient pas admis que les édifices consacrés à la religion fussent exposés, par un caprice électoral, à des affectations profanes. Dans chacun de nos villages de France, l'église et le temple ont une signification morale. Ils évoquent des souvenirs sacrés pour toutes les familles. Ils parlent aux individus de quelques-unes des émotions les plus profondes qu'ils aient éprouvées dans leur vie. Une inquiétude se montrait partout sur le sort qui les menaçait. Un sursaut dangereux aurait pu, dans bien des cas, se produire. Nos hommes politiques l'ont senti. Ils ont décidé que ces édifices resteraient à la disposition des associations qui remplaceront les établissements publics du culte. L'inspiration est bonne.

Mais pourquoi n'est-on pas allé jusqu'au bout de cette idée ? Pourquoi n'avoir pas étendu le bénéfice de cette disposition jusqu'aux presbytères ? Il y a là l'indice d'une timidité fâcheuse. On n'a pas voulu choquer les populations dans leurs sentiments les plus intimes. Mais on a fait une concession à ceux qui auraient voulu choquer ces sentiments. Cette concession a été la rançon de la première mesure, de la mesure libérale et bienveillante.

Nous regrettons également que la Chambre des députés n'ait pas osé prévoir, pour les biens charitables, une destination conforme à la logique. On n'a pas trouvé mauvais que les biens affectés à l'exercice du culte aillent à des associations formées en vue de cet exercice. Il aurait été normal que les biens grevés d'une affectation étrangère au culte pussent aller à des associations formées pour accomplir les volontés des donateurs. Le contrôle rigoureux que l'on impose aux associations de la première catégorie aurait très bien pu fonctionner pour les autres, si l'on avait consenti à les créer. Une partie du mal sera corrigée, si l'on accorde à un nombre suffisant d'établissements nouveaux la reconnaissance d'utilité publique qui leur permettra de recevoir cet héritage spécial des fabriques, des consistoires ou des conseils presbytéraux.

Mais ce qu'il nous est impossible de ne pas déplorer très haut, c'est la façon dont le projet de loi traite les personnes. Non, l'on ne liquide pas la situation avec équité pour des hommes qui ont fait des études longues et coûteuses, qui avaient été l'objet d'une promesse tacite de l'Etat, et que l'on n'avait pas le droit de condamner — comme ce sera parfois le cas — à une détresse cruelle. Et ceci nous émeut d'autant plus qu'il ne s'agit pas seulement d'individus, mais de familles entières... Qu'il n'y ait pourtant pas de malentendu. Messieurs, nous avons la conviction que les Eglises réformées et luthériennes ne failliront pas à leur tâche. Leur puissance de sacrifice ne cessera de grandir à l'appel d'en-Haut, et le monde sera stupéfait de constater les miracles que le dévouement et la foi sont capables d'accomplir. Mais c'est la conduite de l'Etat que nous blâmons ; et il nous est loisible, à nous, membres d'Eglises libres, de faire entendre ce blâme. Un de nos griefs contre le régime concordataire, c'est que, faisant de la religion un service public, il déshabitue les fidèles de la contribution régulière et normale aux frais du culte. L'état d'âme qu'il a formé ne disparaîtra pas du jour au lendemain. Il est responsable des dispositions intimes qui, pendant un certain nombre d'années, vont être cause de tant de souffrances pour les ministres de toutes les confessions. Il est mal pour lui de se dégager trop allégrement de cette responsabilité. Nous sommes à notre aise pour le déclarer, nous qui ne demandons jamais rien au budget des cultes.

II

J'arrive à ce qui intéresse toutes les Eglises, et par conséquent, de la façon la plus directe, nos Eglises libres.

La première caractéristique de la loi, c'est d'être une loi de liberté. Nous vivons, Messieurs, au milieu d'illusions plus que singulières. Je me rappellerai toujours une conversation que j'avais, l'hiver dernier, avec un des membres les plus intelligents du Parlement. Nous causions du projet élaboré par la commission de la Chambre des députés. Un moment je lui dis : « Surtout accordez-nous enfin la liberté des cultes ». — « La liberté des cultes ? me répondit-il, mais est-ce qu'elle n'existe pas en France depuis un siècle, depuis la grande Révolution ?... » Et je dus lui expliquer qu'elle n'était encore inscrite dans aucune de nos lois, et qu'elle était même niée par plusieurs. Je dus lui lire l'article 294 du Code pénal : « Tout individu qui, sans la permission de l'autorité municipale, aurait accordé ou consenti l'usage de sa maison ou de son appartement, en tout ou en partie, pour la réunion d'une association, même autorisée, ou pour l'exercice d'un culte, sera puni d'une amende de 16 francs à 200 francs. » Je dus lui lire le décret du 19 mars 1859, qui exige que, pour l'ouverture d'un lieu de culte, on obtienne d'abord l'autorisation provisoire du préfet et ensuite l'autorisation du Conseil d'Etat. Rien n'oblige l'autorité à donner cette autorisation. Elle peut être refusée ou retirée sous prétexte de l'ordre public, et nous savons qu'il y a des manières diverses d'apprécier l'ordre public. En 1825, le gouvernement de la Restauration dénia au Consistoire de Paris le droit d'ouvrir un temple aux Ageux, non pour des catholiques convertis, mais pour des protestants de naissance ; la raison était qu' « il ne serait pas sans inconvénient d'établir de faibles fractions de population dissidente au milieu d'une population de culte homogène. » Qui nous garantit que des faits de ce genre ne pourraient jamais se reproduire ?

Nous sommes sous un régime de tolérance, c'est à dire d'arbitraire. La bienveillance qui nous est marquée un jour peut se changer, le lendemain, en défaveur et hostilité. N'avons-nous pas vu, il y a quelques années, un ou deux préfets interpréter contre nous les instructions données contre des chapelles congréganistes et ordonner la fermeture de plusieurs de nos temples ? La mesure a été immédiatement rapportée, je le sais. Mais est-il téméraire de prévoir des circonstances qui provoqueraient des incidents de même nature et qui les empêcheraient de tourner aussi bien ? Est-ce que l'ex-père Hyacinthe, voulant donner à Paris, en 1878, des conférences sur des sujets de morale et de doctrine chrétienne, ne fut pas invité à s'abstenir des questions religieuses et à se renfermer dans les questions de morale ? Est-ce que nous ne sommes pas menacés par deux despotismes également haïssables, celui de l'Eglise romaine et celui d'un anticléricalisme qui semble jaloux d'imiter les passions et les procédés de ce qu'il combat ? Messieurs, en face de ces deux tyrannies en lutte l'une contre l'autre, nous ne voulons plus de la bienveillance gracieuse ou rechignée, nous exigeons notre droit.

Le projet de loi met fin à un régime indigne d'une démocratie normale. Peut-être faut-il en regretter un détail. En son article 19, il fixe le nombre minimum de membres que devront compter les associations déclarées pour l'exercice public d'un culte : 7 dans les communes de moins de 1 000 habitants, 15 dans celles de 1 000 à 20 000 habitants, 25 dans celles où le nombre des habitants est supérieur à 20 000. Il y a quelque chose d'inquiétant dans cette disposition. Interprétée à la rigueur, elle permettrait, semble-t-il, d'interdire tout culte public aux adhérents d'une religion qui, dans une commune, ne parviendraient pas à grouper dans une association cultuelle le nombre de membres prévus par l'article. Il y a là un danger réel, et contre lequel il importe de se prémunir. Je pense qu'il serait supprimé, s'il est admis que l'association doit réunir tant de membres, selon que son siège est dans une commune de telle ou telle catégorie, mais que ses membres peuvent être recrutés dans toute l'étendue de la circonscription religieuse, et que la circonscription religieuse a le droit de s'étendre, si c'est nécessaire, sur plusieurs communes et même plusieurs départements. Si c'est entendu, — comme cela semble ressortir du texte de la loi, — la liberté des cultes n'est pas atteinte.

Messieurs, saluons-la, cette liberté, pour laquelle nos devanciers ont tant lutté, cette liberté qui nous rend si chers les noms des Delaborde, des Lutteroth et des Edmond de Pressensé. Saluons-la, sachons en user comme des chrétiens avides de rendre témoignage à l'Evangile ; mais n'oublions pas d'en remercier le gouvernement qui nous l'accorde, le gouvernement de la République.

III

La deuxième caractéristique de la loi, c'est la constitution de ce qu'on a nommé les « associations cultuelles ». Que faut-il entendre par là ?

3

J'ai constaté, dans mes voyages au milieu des régions les plus diverses de la France, que les protestants sont très loin d'être au clair sur cet organe nécessaire du régime futur. Rien ne correspond mieux que cette partie du projet à leurs conceptions essentielles. Il est fantastique qu'ils ne le distinguent pas encore. Est-ce parce qu'ils ne s'intéressent pas aux polémiques de nos journaux ecclésiastiques ou parce qu'ils sont déconcertés par elles ? Je ne sais, mais le fait est là. Communément, ils se figurent que l'association cultuelle est une sorte de comité qui assurera dans chaque paroisse l'exercice du culte. C'est une interprétation toute catholique de ce que le projet a voulu faire. Beaucoup d'évêques ont une telle peur de la démocratie, et surtout de la démocratie religieuse, qu'ils rêvent de réduire les associations cultuelles au nombre minimum de membres que la loi leur impose ; et ces quelques hommes organiseront la religion pour les autres, qui n'auront qu'à s'incliner et à suivre. Sans doute il y a, dans une fraction du clergé, quelque répugnance pour cette tactique. Sans doute, plusieurs prêtres proclament tout haut qu'il ne faut pas réduire les associations cultuelles à n'être qu'un paravent pour de petits comités. Mais ils ne sont encore qu'une minorité. La plupart des prélats sont contre eux. Les protestants se mettraient-ils, sans s'en douter, à avoir des idées de prélats ?

Soit ce que nous appelons une « Eglise locale ». Que sera donc, par rapport à celle-ci, l' « association cultuelle » dont parle la loi ? Elle ne sera pas je ne sais quel cénacle menant l' « Eglise ». Elle ne se distinguera pas de l' « Eglise ». Elle sera l' « Eglise ». Tous les hommes et toutes les femmes qui, la veille de la séparation, formaient l' « Eglise », constitueront, le lendemain, l' « association cultuelle ». Ce qui existait ne cessera pas d'exister, mais prendra tout simplement le nom que la loi lui donne, et se conformera sans tarder aux autres prescriptions de la loi. Les membres de l'association conserveront, dans celle-ci, tous les droits électoraux qu'ils ont dans l' « Eglise » ; et le comité de l'association ne sera pas autre chose, sous un vocable différent, que le conseil presbytéral. Rien ne cadre mieux que ce projet avec l'esprit protestant. Il ne l'impose à personne, ce qui nous révolterait ; mais il lui laisse libre jeu, ce que nous avions le droit d'exiger. Sur ce point comme sur d'autres, nous avons, Messieurs, la satisfaction la plus large.

Cependant il m'est arrivé bien souvent et il m'arrive encore de rencontrer cette question : Nos Eglises libres devront-elles vraiment se constituer en associations déclarées ? Je n'hésite pas à répondre : C'est le seul parti qu'elles aient à prendre. Cela me paraît si naturel que je ne parviens pas à concevoir nettement le contraire.

La loi votée par la Chambre ne règle pas seulement le sort des anciens établissements publics des cultes. Elle n'est pas seulement, par tout ce qu'elle abroge, la charte de la liberté religieuse. Elle dispose comment sera désormais organisé dans notre pays l'exercice public de toute religion. Ah ! si nous ne pensions qu'à un culte privé, l'association de personnes, sans aucune déclaration à la préfecture, serait parfaitement suffisante. Ah ! si nous avions comme idéal la rencontre de quelques frères et sœurs dans une chambre dont les portes seraient fermées à tout étranger, d'où les non-initiés seraient soigneusement exclus, les prescriptions de la loi ne nous intéresseraient pas. Mais nous voulons autre chose, nous entendons que nos lieux de culte soient ouverts à toutes les âmes en quête d'une parole de relèvement ou de consolation. Nous appelons le grand jour et le grand air. Dès lors, l'alternative n'existe pas pour nous : notre régime de demain sera celui des associations déclarées.

Au point de vue moral, l'hésitation ne nous est pas permise. N'avons-nous pas étrangement souffert de vivre sans cesse en marge de la loi, sans droits reconnus, obligés de recourir à toutes sortes de biais, parfaitement légaux d'ailleurs, pour procurer à nos réunions de culte l'abri d'un toit et de quatre murs ? Eh ! sans doute, c'est la législation elle-même qui nous forçait à recourir à tous ces procédés ingénieux, mais qui, pour des consciences chrétiennes, ont toujours quelque chose d'inquiétant. Mais c'est un soulagement pour nous d'apprendre que la législation de notre pays n'exigera plus de ces accommodements qui nous répugnent. On nous offre enfin un régime légal. Entrons-y joyeusement.

Aussi bien ne faut-il pas avoir d'illusions. Avec beaucoup de raison, à mon sens, le législateur et le gouvernement n'admettront pas qu'on tourne la loi. Quiconque essaiera de la tourner s'en repentira. J'entrevois ce qui nous arriverait si nous prétendions constituer nos associations, non pas d'après la loi votée le 3 juillet dernier à la Chambre, mais d'après la loi de 1901. L'on aurait vite fait de remarquer que l'on a établi, dans l'intérêt des cultes, un droit commun élargi. L'on appliquerait les lois à la rigueur. On réduirait les associations fondées conformément à la loi de 1901 à n'avoir d'autres ressources que les cotisations de leurs membres ; on leur retirerait le bénéfice des dispositions qui permettent aux associations cultuelles de faire figurer dans leurs recettes le produit des quêtes et collectes, de percevoir des rétributions pour les cérémonies et services religieux, même par fondation, pour la location des bancs et sièges, pour la fourniture des objets destinés au service des funérailles. D'autre part, on les soumettrait à toutes les charges fiscales que la Cour de cassation déclare applicables aux associations dont le but prédominant est un but religieux, à ces charges dont le projet exonère les associations cultuelles. Et je ne parle pas des poursuites correctionnelles dont nous serions passibles. En vérité, je ne vois pas quel intérêt nous aurions à rester en marge de la loi. Nous y avons été trop longtemps malgré nous. Quelle joie d'en sortir enfin !

IV

Cette question préjudicielle étant réglée, nous nous trouvons, Messieurs, devant un certain nombre de problèmes pratiques. J'en relèverai trois : Comment faut-il faire la transition des Eglises actuelles et de leurs sociétés civiles immobilières aux associations déclarées pour l'exercice public des cultes ? Quelle sera la situation de notre Commission d'évangélisation ? Comment pourrons-nous constituer nos diaconats ? Ces problèmes se posent devant toutes les Eglises de France, et non pas seulement devant nos Eglises libres. C'est évident pour le dernier, celui des diaconats. Le premier existe pour toutes les communautés indépendantes qui se rattachent à des Eglises officielles, par exemple aux Eglises réformées. Le second rappelle singulièrement celui qui ne peut manquer de préoccuper la Société centrale. Pour ne rien embrouiller, je ne traiterai ces questions que dans leurs rapports avec nos Eglises libres. Je ne me sens pas en posture de parler pour le protestantisme français tout entier. Je me contenterai, d'ailleurs, de donner quelques indications et de vous soumettre les idées qui me paraissent les plus raisonnables. Nous discuterons très librement ces indications et ces idées dans une séance du Synode.

Et d'abord comment passerons-nous du régime actuel au régime nouveau ?

Voici comment les choses se passeront dans chacune de nos Eglises locales. Le premier acte sera la constitution de l'association cultuelle. Dans les derniers mois de 1905, l'Eglise se réunira dans une assemblée régulière de ses membres convoqués d'après toutes les prescriptions de ses statuts. Elle examinera, dans sa pleine indépendance, un projet de statuts nouveaux qui seront ceux de la future association. Elle rédigera ses statuts comme elle l'entendra, soit d'après un modèle que la Commission synodale lui fournira pour faciliter les choses, mais sans empiéter sur sa liberté, soit d'après un texte que son conseil presbytéral aura rédigé. Elle votera ses statuts ; et cette assemblée de l'Eglise n'aura pas été autre chose que l'assemblée générale des fondateurs de l'association cultuelle. Aussitôt la loi promulguée, la déclaration sera faite à la préfecture ou à la sous-préfecture dans les formes prescrites. L'association de la ville ou du village de X... pour l'exercice public du culte aura dès lors le droit de vivre et d'user de toutes les prérogatives qui lui sont conférées par la loi.

Voilà le premier acte. A la suite de cet acte, la communauté aura continué ses réunions de culte tout comme par le passé. Elle aura usé, pour cela, du temple ou de la chapelle que la société civile immobilière met à sa disposition. Un jour, elle décidera d'en devenir propriétaire. Comme elle ne possède pas la faculté de recevoir des donations, elle est forcée d'acheter l'immeuble. Elle l'achètera. Cette cession une fois faite, la société civile se réunira dans une séance régulièrement convoquée ; et, constatant qu'elle n'a plus d'objet, elle se dissoudra.

Ce mécanisme est simple. Pourtant, Messieurs, il soulève une objection que la plupart d'entre vous ont déjà formulée : dans le système que je vous propose, n'y aura-t-il pas à payer des droits de mutation ? — C'est parfaitement exact, et je suis le premier à m'en plaindre. Mais, dans l'état actuel de la législation et aux termes du projet de loi, je ne vois pas comment l'on pourrait échapper à ces exigences du fisc. Ce n'est pas le système proposé qui est défectueux, c'est le projet qui, sur ce point, est incomplet et injuste. Nous verrons tout à l'heure ce qu'il importera de réclamer.

Permettez-moi, Messieurs, de rester pendant quelques minutes encore dans l'hypothèse la plus fâcheuse : nous sommes contraints de payer les droits de mutation. Il me semble que nous pourrons, dans bien des cas, procéder de la façon suivante. Soit une Eglise qui est bien réelle et qui fait partie de notre Union. Elle possède ou plutôt sa société civile possède un immeuble qui est évalué par le fisc à 100 000 francs. Elle aura donc à payer, pour les droits de mutation et les frais, une somme d'environ 10 000 francs. Comment s'y prendra-t-elle ? Elle empruntera ces 10 000 francs, s'il n'y a pas un personnage généreux pour les lui donner. Mais comment se libérer de sa dette ? Remarquons qu'elle verse actuellement au fisc un tribut annuel de 986 fr. 03, qu'elle ne lui devra plus dans l'avenir. Eh bien ! cette somme qu'elle ne donnera pas au Trésor, elle s'en servira chaque année pour amortir sa dette. Au bout d'un certain temps, un peu long sans doute, mais dont la fin viendra, elle sera libérée. Son emprunt sera remboursé, et elle n'aura plus à payer la taxe d'abonnement ni celle de 4 % sur le revenu qu'elle paie en ce moment et dont elle sera exonérée comme toutes les associations cultuelles.

Il est donc possible de sortir de ces difficultés. Il est pourtant odieux, Messieurs, quand on est écrasé, depuis de si longues années, par des taxes que le législateur n'a pas établies pour nous, il est odieux d'avoir une fois de plus à se saigner aux quatre veines pour de nouvelles exigences fiscales. La taxe d'abonnement et l'impôt de 4 % sur le revenu n'ont été créés que pour frapper les congrégations ou les sociétés qui dissimulent des congrégations. Je me rappellerai toujours l'accès d'hilarité que j'ai provoqué dans une salle de rédaction, un jour, en annonçant que je faisais partie d'une association poursuivie comme congrégation non autorisée. Et je n'exagérais pas, je ne me permettais pas une « galéjade » de méridional : la veille au soir, dans le *Temps* — j'en appelle aux souvenirs de M. de Faye, ici présent — avait paru certaine liste de congrégations non autorisées, parmi lesquelles figurait la société de la Chapelle du Nord. J'étais vraiment un moine, un moine déguisé, mais un moine aux yeux du fisc. C'était très drôle, aussi drôle que l'on voudra, mais il fallut payer, et nous payons encore... Eh bien ! Messieurs, je dis que l'on devrait nous tenir compte de ces injustices absurdement subies et que l'on devrait nous mettre au bénéfice de la disposition d'après laquelle la transmission des biens des établissements publics des cultes aux associations cultuelles ne saurait donner lieu à aucune perception du Trésor. Voilà ce qu'il nous faut réclamer. Nous le réclamerons avec énergie. Il serait de la dignité du Parlement d'être équitable envers les Eglises qui ont pris, à leurs risques et périls, l'initiative de la séparation.

V

La seconde question, très importante, qui s'offre à nous est celle de notre commission d'évangélisation. J'ai à peine besoin de rappeler ici ce qu'est cette commission. Dès 1849, notre constitution porte, dans son article premier, ceci : « Les Eglises s'unissent entre elles pour... s'occuper ensemble de l'extension du règne de Dieu. » Les ambitions étaient très vastes. Elles se précisèrent, au synode de Mazamet, en 1855, dans le programme suivant qui, dans ses grandes lignes, est le programme d'aujourd'hui :

« Aider les Eglises de l'Union à des œuvres d'évangélisation.

» Aider par l'envoi de ministres ou d'évangélistes itinérants à la formation en Eglises de chrétiens disséminés.

» Aider des Eglises constituées ou en formation, desquelles on peut espérer qu'elles seront bientôt en état d'entrer dans l'Union de nos Eglises.

» Enfin employer en France des ministres et évangélistes itinérants. »

L'accomplissement de ce programme a été confié à la commission d'évangélisation qui est nommée par le synode, mais qui a son budget spécial, qui fait ses collectes particulières et gère ses ressources d'une façon indépendante, tout en étant tenue de rendre compte de son activité devant le synode. Elle fonctionne comme une société placée dans la dépendance directe de l'Union. Elle correspond assez bien, *mutatis mutandis*, à ce que la Société centrale est à l'Eglise réformée.

Que vont devenir, dans le régime nouveau, les « stations » créées par elle ? Il serait malaisé, pour ne pas dire impossible, de constituer dans chaque station une association déclarée pour l'exercice public du culte. Puisque les groupements actuellement formés ne nous paraissent pas en état de former dès maintenant des Eglises, puisque nous sommes obligés de reconnaître qu'ils n'en ont pas les moyens, nous ne pouvons pas les appeler à se donner, du jour au lendemain, l'organisation d'Eglises réelles, majeures et capables, au moins dans une mesure sérieuse, de vivre par elles-mêmes. Par suite, la commission d'évangélisation ne saurait fonctionner comme une union d'associations. Au fond, ce n'est pas un mal. Le contraire nous conduirait à une situation hybride et absurde. Nous aurions d'abord l'Union des Eglises libres, puis, comme un organisme inférieur vivant dans ce grand organisme, une Union modeste d'Eglises qui ne seraient pas encore des Eglises. Cela n'aurait aucun sens...

Ici je vais peut-être choquer quelques-uns de nos amis et commettre des hérésies constitutionnelles. Mais je ne parle qu'en mon nom. Si je compromets quelqu'un, je ne compromets que moi. Vous me permettrez de dire, en toute franchise, les choses comme je les vois. Il est évident pour moi que l'organisation même de notre Union doit être modifiée.

La solution des difficultés pratiques consistera, me paraît-il, à resserrer les liens de la commission d'évangélisation avec nos Eglises. Cette commission est dans la dépendance directe du synode. Il n'y a rien à changer à cela. Mais il faut y ajouter quelque chose. Les Eglises, constituées en associations cultuelles, fonderont leur Union nationale d'associations. Celle-ci aura pour organe le synode et elle possèdera le droit d'avoir une caisse centrale. Son budget comprendra deux chapitres : le premier, répondant à ce qui est aujourd'hui le budget de la commission des finances, aura pour objet essentiel les allocations aux Eglises constituées et le règlement des retraites ; le second, répondant à ce qu'est aujourd'hui le budget de la commission d'évangélisation, aura pour objet de subvenir aux besoins de nos stations. Comme la division du travail est indispensable, comme la commission synodale est chargée de besogne et qu'elle ne pourrait suivre de très près ce qui se passe dans nos stations, il sera loisible de confier à une commission spéciale la gestion particulière des fonds destinés à l'évangélisation. Mais ces deux chapitres, aussi distincts qu'on les suppose, feront partie d'un seul et même budget.

Cette réforme aurait un avantage financier que je souligne à l'intention des hommes d'affaires que nous avons parmi nous. Supposons que notre caisse centrale n'ait pas d'autre objet que la caisse synodale actuelle : allocation aux Eglises et retraites. Ses dépenses ont été cette année de 31 000 francs environ. Elle aurait donc le droit d'avoir une réserve de 93 000 francs en capital. Supposons que nous fassions rentrer dans ce budget les sommes dépensées pour l'évangélisation, soit 66 000 francs en chiffres ronds. Notre Union aurait le droit de constituer un fonds de réserve montant jusqu'à 291 000 francs.

Vous voyez, Messieurs, qu'il importe de savoir ce que nous voulons faire. Je n'en dirai pas davantage. La solution de ce problème appartient au synode.

<h3 style="text-align:center">VI</h3>

J'arrive à la grosse question des diaconats. Ici, Messieurs, il faut renoncer à consulter le projet de loi. Ne lui demandons pas ce qui nous est permis et ce qui nous est interdit. Il est muet, et il l'est intentionnellement. Un jour, j'ai pris sur moi d'interroger à ce sujet un des députés qui ont joué le rôle le plus actif dans la préparation de la réforme. Il eut un geste significatif : « Chut ! Ne nous parlez pas de cela. Ne sollicitez pas de nous une décision ! » — J'étais étonné : « Mais oui, poursuivit ce député. Vous nous mettriez dans un embarras cruel. Nous ne savons pas ce qu'il faut faire. » — J'ouvrais des yeux de plus en plus grands : « Ce n'est pas difficile à comprendre, continua l'homme politique. Si nous faisons rentrer les dépenses de la charité dans les dépenses du culte, nous autoriserons officiellement des distributions d'argent qui, dans les temps d'élections, seront suspectes et plus que suspectes. Si la loi ne s'occupe que du culte proprement dit et ignore la charité, nous ne pouvons nous dissimuler que des caisses très importantes se formeront et que nous n'aurons aucun moyen de contrôle sur elles... Ah ! nous sommes bien perplexes. Ne soulevez pas cette question. » — Et voilà pourquoi le projet de loi ne dit rien.

Messieurs, nous ne pouvons pas attendre que les hommes politiques aient résolu le problème pour eux. Depuis longtemps il est résolu pour nous. Le culte n'est pas, à nos yeux, un ensemble de formalités que nous demandons la permission de remplir, dimanche après dimanche, pour être en règle avec notre Dieu. Le culte, c'est la manifestation même de notre vie religieuse, et, si celle-ci se résume dans l'amour du Père révélé et des frères retrouvés, la pratique active de la fraternité fait partie de notre culte plus encore que l'audition d'un prêche ou le chant de quelques cantiques. Oui, nous entendons nous réunir librement pour prier notre Dieu ; mais nous entendons que notre vie tout entière soit un hymne à ce Dieu ; et notre vie est mutilée si elle ne peut pas être faite de dévouement et de sacrifice pour les autres enfants de ce Dieu. Nous n'admettons pas cette mutilation. Notre vie religieuse n'est soumise qu'à notre propre conscience, et, pourvu que l'ordre public ne soit pas troublé, notre conscience est souveraine. Nous ne demanderons pas à quelques hommes politiques de se réunir en concile et de décider pour nous ce qui fait normalement partie du culte que nous devons à notre Dieu et ce qui n'en fait point partie essentielle. Nous proclamons l'incompétence de l'Etat dans ces questions d'âme.

Aussi bien faut-il élargir le débat. Pourquoi n'y aurait-il pas des hommes qui, détournant leur esprit de tout ce qui est relatif à l'au-delà, prétendent encore pratiquer une religion, mettent le centre même de leur religion dans un amour actif de l'humanité, réduisent leur culte à un travail fraternel pour le soulagement des misères qui les entourent ? Va-t-on dire que ce culte, ne rentrant pas tout à fait dans les cadres traditionnels, ne saurait être autorisé ? Va-t-on décider, au contraire, qu'il le sera parce qu'il élimine l'idée de devoirs envers Dieu ? Comment l'Etat pourrait-il avancer de semblables thèses sans s'exposer soit à un ridicule dangereux, soit à une révolte des consciences ?

Messieurs, n'interrogeons pas les pouvoirs publics, puisque l'interrogation leur semblerait indiscrète. Mais organisons nos diaconats. Sous quelle forme le ferons-nous ?

La loi de 1901 prévoit, vous le savez, trois sortes d'associations. Au sommet sont celles qui sont reconnues d'utilité publique. Peut-être faudra-t-il que, dans les Eglises officielles d'aujourd'hui, quelques diaconats se constituent d'après ce type. Ce sont ceux qui recevraient l'héritage de « biens charitables » appartenant aux consistoires ou aux conseils presbytéraux. Leur nombre sera minime. Ils auront pour but de répondre à des nécessités spéciales. Il va sans dire que ce type n'a pas sa place dans nos Eglises libres.

Une autre catégorie d'associations, prévue par la loi de 1901, est celle des associations déclarées. Celles-ci jouissent de la petite personnalité civile. Elles ont une certaine capacité juridique et peuvent administrer les cotisations de leurs membres. C'est sous cette forme que d'excellents esprits conseillent d'organiser nos diaconats. Je ne méconnais pas les avantages que cette combinaison présenterait. Il est possible que nous soyons obligés, quelque jour, d'y recourir. Mais nous n'y sommes pas encore contraints ; et, pour l'instant, des raisons de doctrine m'empêchent d'adhérer à cette solution.

Des associations déclarées de bienfaisance seraient constituées par un certain nombre de personnes payant une cotisation. Qui ne distingue que ces associations, tout en se réunissant dans nos temples ou dans nos chapelles, formeraient des organismes distincts de l'Eglise ? Elles se différencieraient donc essentiellement de nos diaconats actuels. Dans la vérité des choses, l'Eglise est composée de riches, d'aisés, de pauvres, d'indigents. Elle est un corps solidaire, dont toutes les parties souffrent quand une souffre. Le diaconat n'est que l'organe qui lui permet d'assurer aux membres malheureux l'assistance fraternelle des autres. Le mettre, dans la plus faible mesure, hors de l'Eglise, c'est fausser et sa propre notion et celle de l'Eglise même.

Mais, alors, comment nous y prendre pour sauvegarder ce qui nous paraît une partie essentielle de notre vie religieuse ? Il me semble qu'il n'y a pas d'autre moyen que de recourir à la troisième espèce d'associations qui est prévue par la loi de 1901, celle des simples associations de personnes qui n'ont aucune capacité juridique. L'Eglise locale forme une association cultuelle : c'est entendu. Mais cette association, qui est ce que l'Etat prétend connaître, n'épuise pas la notion d'Eglise. Au fond, ses statuts ne portent guère que sur la constitution et la gestion des ressources nécessaires pour l'exercice public du culte. Il lui plaît, par exemple, de développer le chant sacré : ceux de ses membres qui ont de la voix et de l'oreille se consacreront à cette œuvre, sans qu'ils aient à fonder une association déclarée. Il plaît, par exemple, à l'Eglise d'être accueillante, aimable, pour toute personne qui entre, ne serait-ce que par hasard, dans le temple ; il lui plaît que des jeunes gens ou des jeunes filles aillent voir les isolés, leur apportent la sympathie de tous, leur fassent des lectures ; il lui plaît que les enfants de son école du dimanche soient visités chez eux ; il lui plaît... tout ce que son zèle lui inspirera. Conviendra-t-il de constituer, pour tous ces objets, des associations déclarées ? Evidemment non. Les membres de l'Eglise, formant une association de personnes, chargeront de ces diverses missions ceux d'entre eux qui leur paraîtront particulièrement qualifiés. Le diaconat les représentera dans le travail de la fraternité pratique ou plutôt dans une forme de ce travail. Il assistera les pauvres comme d'autres chanteront ou feront de simples visites d'amitié chrétienne.

Une précaution sera tout à fait indispensable. C'est que l'on prenne bien soin de ne faire jamais figurer dans les comptes de l'association cultuelle les fonds recueillis pour le soulagement des misérables. L'association cultuelle n'a pas d'autre mission que d'assurer l'exercice du culte. Si elle consacrait la somme la plus minime à ce qu'on appelle la charité, elle serait accusée d'avoir commis un détournement de fonds. Elle serait poursuivie et condamnée en conséquence.

Je veux bien admettre, hélas ! que, dans un temps plus ou moins long ou plus ou moins court, la solution que j'indique ne soit plus possible, et que, sous la suggestion de la peur inspirée par le catholicisme, le Parlement nous force à changer de méthode. Nous ne sommes que trop habitués, les protestants, à payer, comme dit le vulgaire, les pots cassés par d'autres. Eh bien ! si ce malheur arrive, nous aviserons. Mais pourquoi nous conduirions-nous dès aujourd'hui comme si ce malheur était arrivé déjà ? J'ai même quelque idée qu'il n'est pas aussi menaçant que d'aucuns le pensent. Le jour où un gouvernement mal inspiré voudrait établir le monopole officiel de l'assistance publique, un *tolle* formidable se produirait. Laissons les fanatiques s'agiter ; ceux qui ont en mains la responsabilité du pouvoir n'engageront pas la République dans les périls d'une semblable aventure.

VII

Vous le voyez, Messieurs : les problèmes qui se posent à nous ne sont pas insolubles. La loi qui va probablement nous régir est sans doute fort loin d'être parfaite. Elle a des lacunes fâcheuses et des silences regrettables. Elle n'est pas — il faut s'en rendre compte — une loi de persécution.

A mes yeux, le problème le plus grave qui s'offre à nous est d'ordre spirituel : que seront nos Eglises, non pas dans leur forme extérieure et légale, mais dans leur vie profonde ? Que sauront-elles montrer au monde dans la crise qui va s'ouvrir ?

Certes, je n'ai jamais admis que des Eglises se prennent pour des fins en elles-mêmes, et je suis heureux de parler devant des hommes qui ne l'admettent pas plus que moi. Nous avons proclamé, par notre ordre du jour de Clairac, que, si nous tenons aux institutions ecclésiastiques que notre conscience nous fait préférer à d'autres, nous ne voyons dans nos Eglises, comme dans toutes les autres, que de pauvres et misérables instruments dont il plaît à Dieu de se servir pour le salut de l'humanité. La libération de la détresse humaine par l'Evangile, voilà ce que nous poursuivons. Le reste n'est que l'accessoire, et le triomphe de tel établissement religieux, au détriment des autres, ne parvient pas à nous émouvoir ; il s'efface, pour nous, dans le flamboiement de cette idée : le Royaume de Dieu. Mais si cette conception est vraie, il y a des heures où elle l'est d'une façon tragique, où l'oublier serait une trahison, où la poursuite égoïste de ses intérêts sectaires serait plus que jamais, pour une Eglise, l'équivalent d'une banqueroute frauduleuse.

Nous sommes à une de ces heures. En suite de l'acte parlementaire qui, dans quelques semaines, sera terminé, chaque Français sera mis en demeure de décider, pour son propre compte, ce qu'il est et ce qu'il n'est pas au point de vue religieux. Il sera mis en demeure de voir par lui-même s'il entend biffer de sa vie et de la vie de sa famille les préoccupations de l'invisible et de l'au-delà. Il sera mis en demeure de procéder à son examen de conscience. Jamais, avec la religion transformée en service public, pareil accident ne lui était arrivé. Demain il ne pourra pas échapper à une question devant laquelle il ne s'était jamais arrêté. Je vous dis, Messieurs, que, si nous y réfléchissions, nous comprendrions que nous sommes à un moment unique de notre histoire. Que se passera-t-il ? A quoi pourrons-nous bien servir dans cette crise ?

Ah ! je vous le demande, Messieurs, quelle serait, pour ce

monde qui nous entoure, l'utilité de petits cénacles très fermés, où la vie se réduirait à l'audition hebdomadaire de prêches bien dogmatiques, où l'on s'appliquerait avec une minutie scrupuleuse à la récitation docile de formules exactement apprises, où l'on se demanderait, avant de tendre la main à un homme et de lui dire un mot de bienvenue, si sa vie, d'ailleurs parfaitement consacrée au service de Dieu et de son Christ, n'est pas entachée par quelque commencement d'hérésie intellectuelle ? Quelle serait, pour les âmes en détresse, l'utilité de conventicules sans cesse soucieux de se tenir à l'écart du monde et beaucoup plus jaloux de fermer leurs portes aux suspects d'hérésie que d'inviter autour d'un foyer bien chaud les pauvres créatures qui s'en vont dans le froid de leur âme et dans la nuit de leur conscience ? Ces cénacles se décerneraient, à leur gré, des brevets de fidélité. Ces conventicules se réjouiraient à leur aise de n'être pas semblables au reste des mortels. Mais les hommes auraient bien soin de ne pas s'arrêter devant ces glacières morales ; et je vous dis, devant Dieu, que les hommes auraient raison.

Que faut-il donc à nos Eglises pour qu'elles ne méritent pas d'être traitées avec ce dédain ? Oh ! je n'insinuerai pas qu'elles doivent se résoudre à ce qu'on appelle le « multitudinisme ». Je n'aime ni le mot ni la chose. Mais il importe qu'elles vibrent d'un amour immense pour les multitudes. Cet amour n'implique pas que l'Eglise — c'est à dire une association d'hommes et de femmes professant en commun un certain nombre de principes — abandonnera le droit de la diriger à tout venant, même si celui-ci ne veut rien savoir de ses principes. Non, certes, mais il y a, dans notre organisation, une distinction dont nous n'avons su faire presque rien et qui va devenir singulièrement utile : c'est celle de l'Eglise et de la paroisse. Mon maître, T. Fallot, m'en a jadis enseigné le prix, et je le comprends aujourd'hui plus que jamais. Oui, il faut, au centre même de nos groupements, un noyau solide de chrétiens et de chrétiennes qui proclament bien haut ce qu'ils sont ou du moins ce qu'ils veulent être. Mais quand l'Eglise est ainsi constituée, tout n'est pas dit. Il y a des hommes, il y a des femmes qui, par centaines et par milliers, existent tout autour de nous, qui ne savent ni ce qu'ils pensent ni ce qu'ils ne pensent pas, qui ne se sentent pas libres, en conscience, de se déclarer chrétiens et qui pourtant ont de la sympathie pour l'œuvre poursuivie par l'Eglise. Ils reconnaissent volontiers que la religion a une valeur sociale très grande ; ils sont disposés à reconnaître qu'elle est un élément très important de la vie individuelle ; et, cependant, ils mentiraient, à leurs propres yeux, s'ils se donnaient un titre qui ne leur convient pas tout à fait. Ces hommes, ces femmes, qui regardent vers nous, qui suivent peut-être régulièrement nos cultes, feindrons-nous de croire qu'ils ne sont rien pour nous ? Ils sont la paroisse.

Nous leur dirons : « L'Eglise ne vit pas pour elle-même. Elle n'a de raison d'être que le dévouement à ceux qui l'entourent. Vous désirez pénétrer chez nous, participer à nos réunions religieuses ? Venez, vous êtes fraternellement attendus. Vous désirez que notre pasteur visite votre famille, aille causer de temps en temps avec vous ? Venez et donnez votre adresse. Vous désirez que vos enfants trouvent chez nous un milieu religieux ? Venez et amenez-les. » Ces paroissiens ne seront pas traités par nous comme des mineurs que l'on tient en tutelle. Ils seront des amis que l'on s'efforcera d'introduire dans toutes les œuvres tentées au service de Dieu dans l'humanité. Paroissiens et membres de l'Eglise se réuniront le plus souvent possible dans des assemblées communes. Quoi que l'on essaie de faire pour l'avancement du règne du Père, ils en délibéreront ensemble, ils le décideront ensemble, ils l'entreprendront ensemble. Ces paroissiens correspondront à ce qu'on appelle ailleurs des membres « associés ». Mais ils seront si bien associés à tout le labeur de l'Eglise que leur ambition, finalement, sera d'être rattachés par ce qu'ils ont de plus intime au centre même de l'Eglise.

N'ayez pas d'illusions, Messieurs : ce ne sont pas des professants quelconques qui auront cette puissance d'attrait et de groupement. Il y en a qui, tout bouillants qu'ils soient, ne sont bons qu'à repousser les autres hommes. Ceux que je rêve pour nos Eglises ne sont point hantés par le souci d'écarter sans cesse des suspects et d'épurer à tout propos leur cénacle. Ils ont une profession de foi, et ils la proclament. Mais, au lieu d'être symbolisée par un poing fermé et qui repousse, elle l'est par une main ouverte et tendue. Elle n'est pas un document théologique et rébarbatif dont le but essentiel est d'éliminer des hérésies. Elle est une sorte d'hymne dans lequel l'âme convertie chante sa joie d'avoir retrouvé le Père dans la communion du Christ et de se donner, au pied de la Croix, pour le service des frères. Et cet hymne s'élève parmi les hommes pour le ralliement des bonnes volontés.

Il est clair que la religion de tels chrétiens ne consistera guère dans ce qu'on nomme les actes du culte. Certes, on les verra, ces chrétiens, dans les temples et dans les chapelles.

Précisément, parce que toute leur vie sera consacrée au Christ, parce qu'elle consistera dans un travail incessant pour la reconstitution de la grande famille humaine, ils sentiront, plus que les autres hommes, leur faiblesse lamentable et les misères de leur vie spirituelle. Ils auront, plus que d'autres, le besoin de communier avec d'autres âmes éprises des mêmes ambitions et souffrant des mêmes douleurs. Ils auront, plus que d'autres, le besoin de s'associer à des frères pour s'approcher avec eux de Celui dont ils vivent. Mais, une fois fortifiés par la rencontre de leurs compagnons de combat, par la communion, par la prière, par tout ce que l'on trouve dans une Eglise vivante, ils sortiront des chapelles et des sacristies ; et on les retrouvera partout où se fait le moindre effort de justice et de fraternité...

Et si des chrétiens de cette trempe surgissent, si leur nombre se multiplie, si leur activité se décuple, je vous dis, en vérité, que nous verrons de grandes choses. Nous jugeons notre pays très bas au point de vue religieux. C'est vrai. Mais l'Angleterre était encore plus bas au XVIIIe siècle. « Point de religion en Angleterre, écrivait Montesquieu ; quatre ou cinq de la Chambre des Communes vont à la messe ou au sermon de la Chambre. Si quelqu'un parle de religion, tout le monde se met à rire... Je passe en France pour avoir trop peu de religion, en Angleterre pour en avoir trop. » Et le réveil de Wesley a produit ce que vous savez. Messieurs, prenez garde : qui sait si ce qui se passe aujourd'hui n'a pas un sens spécial ? Il y a, dans le livre de l'Apocalypse, une petite lettre à l'Eglise de Laodicée que nous ferions bien de méditer. C'est le Christ qui parle : « Tu dis : je suis riche, je me suis enrichi, et je n'ai besoin de rien. Et tu ne sais pas que tu es malheureux, misérable, aveugle et nu. » Cela ne pourrait-il pas s'appliquer aux Eglises officielles qui, se croyant assurées du budget de l'Etat, ont cru parfois que c'était l'essentiel et ont alors oublié qu'elles devaient avant tout vivre de sacrifice et de dévouement ? Ce mot terrible ne pourrait-il s'appliquer également à nos Eglises libres qui, fières de posséder le trésor de certains principes, s'en sont souvent tenues là dans leur égoïsme et n'ont pas toujours été des foyers de lumière et de chaleur ? Eh bien ! il fallait peut-être que toutes, officielles et libres, découvrissent tout à coup leurs détresses. Aux unes et aux autres s'adresse encore la parole qui suit cet avertissement : « Voici, je me tiens à la porte et je frappe. » La séparation, c'est sans doute un appel à la conscience de tout Français qui est mis en demeure de prendre parti sur les questions essentielles. Mais la séparation, c'est avant tout un appel à la conscience des chrétiens : que voulez-vous être pour votre peuple ? Si je n'étais convaincu que, dans cette heure mystérieuse, le Christ vivant nous interroge et qu'une réponse, peut-être humiliée, mais frémissante d'ambitions, doit sortir de nos Eglises, je n'aurais pas accepté de prendre la parole ce soir. « J'ai cru, c'est pourquoi j'ai parlé. »

AUX ÉTUDIANTS [1]

Mesdames, Messieurs,

Lorsque j'ai accepté de parler ici de la séparation des Eglises et de l'Etat, je ne pensais pas à une conférence devant un aussi nombreux public. Je devais, comme président de la Fédération française des Etudiants chrétiens, m'adresser dans un entretien familier à mes collègues et à mes jeunes camarades, et causer avec eux, comme on cause d'homme à homme, de conscience à conscience, des devoirs nouveaux qui vont devenir les nôtres. Je vous demande la permission de m'en tenir à ce programme. Votre présence nous est, d'ailleurs, précieuse. Nous l'interprétons comme une marque de sympathie que vous vous plaisez à donner à notre Fédération, et je vous en exprime notre profonde reconnaissance.

Mes chers camarades,

Il est fort probable que, dans quelques semaines, la séparation des Eglises et de l'Etat sera un fait accompli. Ce sera, certainement, la révolution la plus considérable que notre pays ait connue depuis un siècle. Si vous le voulez bien, nous laisserons de côté, ce soir, les discussions de doctrine. Il y en a, parmi nous, qui sont des partisans décidés de la séparation. Il y en a d'autres qui sont les adversaires non moins décidés de cette réforme. Est-ce le moment de traiter ce problème théorique? Que nous pensions ceci ou cela sur ce sujet, qu'importe? Nos opinions personnelles n'auraient aucune influence sur la marche des événements. Si la séparation se réalise, ce ne sera point parce que plusieurs d'entre nous l'appellent de leurs vœux. Si elle échoue au dernier moment, ce sera sans doute à la suite de quelque accident imprévu et imprévisible ; ce ne sera point

---

(¹) Conférence prononcée à Montauban, le 8 novembre 1905, devant l'assemblée générale de la Fédération franç.ise des Etudiants chrétiens.

4

parce que tel d'entre nous aura manifesté son opposition dans un article de journal ou dans un discours. Je n'ai aucun goût pour les labeurs qui ne servent à rien. Si vous m'aviez demandé de vous faire une conférence de pure théorie, je vous aurais répondu, tout en vous remerciant beaucoup de votre flatteuse invitation, que j'avais des besognes plus pressantes à terminer.

Consentez aussi, je vous en prie, à laisser de côté, ce soir, les discussions juridiques sur le régime légal qui nous est préparé. Il y a eu, le 6 novembre, un an que j'ai commencé dans le *Siècle* une campagne qui n'est pas encore terminée. Depuis un an, dimanche après dimanche, je n'ai pas publié une ligne qui ne soit pour ou contre telle disposition de la loi. J'ai besoin de parler d'autre chose. Aussi bien ne convient-il pas, en cette affaire, de se tourner toujours du côté des pouvoirs publics et de leur rappeler leurs devoirs envers les Eglises. Il faut le faire, certes. Mais il faut aussi se tourner du côté des chrétiens et réfléchir avec eux sur les devoirs que nous imposera, demain, la situation nouvelle. S'il est intéressant de savoir ce que l'Etat nous doit, il l'est peut-être encore plus de savoir ce que nous devons, nous, à nos Eglises et à la France.

I

La première caractéristique de cette situation nouvelle, c'est la liberté des cultes. Je ne puis pas vous présenter en quelques minutes une histoire complète de cette liberté qui n'a été réelle, au siècle dernier, que pendant quelques mois sous la République de 48. Nous sommes toujours sous le régime du décret du 19 mars 1859 et de l'article 294 du Code pénal. Le décret que je vise exige que, pour ouvrir un lieu de culte, on sollicite d'abord l'autorisation provisoire du préfet et ensuite l'autorisation du Conseil d'Etat. Quant à l'article 294 du Code pénal, il est ainsi conçu : « Tout individu qui, sans la permission de l'autorité municipale, aurait accordé ou consenti l'usage de sa maison ou de son appartement, en tout ou en partie, pour la réunion d'une association, même autorisée, ou pour l'exercice d'un culte, sera puni d'une amende de 16 francs à 200 francs. »

En 1873, le 6 juin, M. Edmond de Pressensé déposa une proposition de loi signée, avec lui, de MM. Bardoux, Laboulaye, Waddington, d'Haussonville, Alfred André, et tendant à substituer, pour les réunions de culte, une simple déclaration à l'autorisation préalable. Cette proposition fut votée en première lecture, le 11 décembre 1874. Mais l'Assemblée nationale se sépara sans qu'elle pût être adoptée définitivement.

Une petite histoire vous montrera, Messieurs, combien cette proposition était nécessaire. C'est celle du refus qui fut signifié, en 1877, à M. Hyacinthe Loyson de faire à Paris des conférences sur des sujets de morale et de doctrine chrétiennes. Il venait de traiter ces sujets à Londres, sous la présidence de Gladstone et du duc d'Argyll. Il crut qu'il lui serait permis de les traiter en France, où la République était proclamée. Il s'adressa, très sûr du succès, à M. de Marcère, alors ministre de l'intérieur. Le ministre trouva bon d'oublier une loi de 1868 sur les réunions publiques. Cette loi soumettait à l'autorisation préalable les réunions publiques qui devaient s'occuper de questions religieuses ; elle conférait donc à l'autorité le droit d'accorder la permission exigée. M. de Marcère exhuma un décret impérial de 1808, qui laissait à l'administration la faculté d'autoriser des conférences, à l'exception de celles qui portent sur des questions religieuses. Sa réponse pouvait se résumer ainsi : « Vous voyez, je ne puis pas. Mille regrets ! »

Dans notre pays, il arrive aux ministres de passer rapidement. Un ou deux mois après. M. Loyson s'adressa à M. Jules Simon, successeur de M. de Marcère, et il renouvela sa demande au nom de la liberté religieuse, que le ministre, disait la requête, « a si noblement défendue par la parole et par la plume ». M. Jules Simon réfléchit pendant deux mois. Après cette méditation laborieuse, il répondit par cette phrase amphigourique et que je vous mets au défi de comprendre nettement sans la relire une ou deux fois : « Il ne saurait lui appartenir d'autoriser ce qui paraît devoir constituer un véritable enseignement religieux, en dehors des conditions auxquelles un enseignement de cette nature est soumis par la loi lorsqu'il s'exerce publiquement. » Et il invita l'ex-père Hyacinthe à se borner à des sujets de morale.

On voit si la proposition de M. de Pressensé était urgente. Elle fut reprise par M. Bardoux le 23 janvier 1877, et par M. Seignobos le 14 février 1879 ; votée par la Chambre le 22 janvier 1880, elle fut transmise au Sénat.

Eugène Pelletan, nommé rapporteur, conclut à l'adoption de la proposition. Il disait notamment dans son rapport : « Ce qui distingue la religion de la philosophie, c'est qu'il lui faut un culte, c'est à dire un rendez-vous spirituel où les hommes séparés par leur genre de vie, mais réunis par leur croyance, viennent publiquement, solennellement, à certaines heures prescrites et dans des lieux consacrés, témoigner ensemble de leur foi et renouveler leur pacte avec l'idée de divinité... La liberté de conscience sans la liberté de culte n'est autre chose qu'une hypocrisie de libéralisme qui refuse en réalité ce qu'il a l'air d'accorder. » Le ministre des cultes prétendit que l'adoption du projet entraînerait l'abrogation de l'article 44 des organiques, qui subordonne à la permission du gouvernement l'ouverture des chapelles domestiques et des oratoires. Et cette raison fut suffisante pour que la liberté des cultes fût encore refusée.

Eh bien ! Messieurs, nous en avons fini avec ce régime d'autoritarisme vexatoire. Grâce à la législation actuelle, un gouvernement clérical pourrait arrêter net toute propagande protestante, et un gouvernement antireligieux pourrait traquer tous les pasteurs, tous les évangélistes, tous les laïques qui se permettraient de proclamer publiquement l'Evangile. Savez-vous comment Renan qualifiait cette législation ? — « Je ne crois pas, disait-il, qu'aucune nation de l'antiquité ou du moyen-âge ait jamais connu une loi aussi tyrannique. Supposez une telle loi dans le passé : ni l'Académie, ni le Lycée, ni le Portique, ni le Christianisme, ni la Réforme n'eussent été possibles, car ces grands mouvements ont sans contredit entraîné des réunions de plus de vingt personnes. Cet article (l'article 294 du Code pénal), appliqué durant un demi-siècle, suffirait pour éteindre dans une société, toute initiative intellectuelle et religieuse. » Et ce qui prouve combien Renan avait raison, c'est que, privés d'une liberté, nous ne nous en apercevons pas et n'en souffrons pas. Il était temps de réagir.

II

Le second trait de la situation nouvelle, c'est la sorte de mise en demeure qui est désormais adressée à tous les Français. Que cela soit dans son goût ou lui répugne, chacun d'eux ne peut plus échapper à cette interrogation : « Que suis-je ? Quelle est ma croyance et quelle est mon incroyance ? Et si je ne parviens pas à être au clair sur mes propres opinions, si je ne me sens pas en état de résoudre pour mon propre compte les questions relatives à l'au-delà, les questions relatives à Dieu et aux rapports de l'homme avec Dieu, que vais-je faire comme chef de famille ? » Le jour où la loi de séparation sera promulguée, le problème sera posé devant toute conscience d'homme dans ce pays. Il y a des politiques superficiels qui se figuraient, par cette réforme radicale, en finir avec les préoccupations religieuses. Ils raisonnaient fort mal. Messieurs, la première conséquence de la réforme sera précisément de mettre à l'ordre du jour, dans chaque famille, ces mêmes préoccupations que l'on prétendait exorciser. Je dis : dans chaque famille. C'est ce caractère social de la question religieuse qui lui donne toute son acuité et qui fera, dans les jours qui vont s'ouvrir, son énorme importance.

Il y a, tout autour de nous, beaucoup de Français que ces spéculations ne troublent guère. Ils ont l'impression qu'ils pourraient passer toute leur vie sans se soucier de savoir s'il y a un Dieu et s'ils lui doivent quelque chose. Mais, dès qu'il s'agit de leur foyer, de leurs enfants, et même de leur femme, tout change. Ils ont l'idée vague, mais tenace, que la religion est une force morale et sociale. Ils détestent ce qu'on appelle « le gouvernement des curés », mais ils se disent que tout ce qu'on enseigne à l'église n'est pas inutile. Ils font partie des comités politiques les plus avancés. Ils ne vont jamais à la messe, ni au prêche. Mais ils sont les premiers à envoyer leurs enfants au catéchisme. Et si leur femme cessait toutes les pratiques du culte, ils auraient des inquiétudes.

Vous savez bien que je n'exagère pas. Ce fait évident donne lieu à des constatations sur lesquelles tout le monde est d'accord. On les interprète d'une manière ou d'une autre, mais on les fait. La semaine dernière, la *Vérité française* publiait une lettre qui lui était envoyée par un curé de province et dont voici les passages essentiels. Lisons d'abord, nous commenterons ensuite :

Ma paroisse compte de 600 à 700 habitants. Les deux tiers, tant majeurs que mineurs, se sont déclarés — parce que je le leur ai demandé sur ordre épiscopal — pour la conservation de la religion et le maintien du culte dans la paroisse.

Après cela, vous allez croire que ces braves gens sont des chrétiens croyants et pratiquants ? Eh bien, sur les quatre cents et plus qui ont donné leurs noms, y en a-t-il cinquante sur lesquels le curé puisse sérieusement compter ? La plupart sont bien résolus à n'avoir, comme par le passé, qu'un christianisme d'étiquette, de mode, de forme. Pas de sanctification du dimanche, pas de sacrements, éducation des enfants presque nulle ; et tout cela, de parti bien pris ; pourvu que le curé baptise leurs enfants, les communie une fois, les marie (et encore) et surtout les enterre, voilà toute leur religion théorique et pratique !

On verra bien si, avec de tels éléments, nous referons, « restaurerons les paroisses dans le Christ » ?

Oui, il faudrait avoir le courage de voir le mal dans toute son étendue, pour « adapter le vrai remède au vrai mal ».

P.-S. — Un riche maire d'un pays voisin disait à la table de son curé (j'y étais) : « Nous n'irons plus à la messe. Après nous le déluge ! » Il a donné son nom à l'Union paroissiale.

Le brave prêtre qui a écrit ces lignes n'est pas content, c'est bien visible. Il n'est même pas content d'avoir eu à procéder à cette enquête. Il ne l'a faite que « sur ordre épiscopal », et il a soin de le dire. Nous comprenons ses tristesses, quand il est obligé de s'avouer à lui-même que ce qui constitue vraiment sa paroisse n'est guère composé que de catholiques de nom. Mais ce que je ne comprends pas, c'est qu'il ne tire de cette enquête que cette seule conclusion. Une autre observation s'imposait à lui, et nous la ferons à sa place.

Remarquons, Messieurs, comment cette enquête a été organisée. Au chef-lieu du diocèse, on a préparé un formulaire. Ce formulaire a été envoyé à tous les curés ou desservants ; et ceux-ci l'ont fait circuler dans la paroisse, en invitant les habitants à voir s'ils ne voulaient pas donner leur adhésion. J'ai eu sous les yeux bon nombre de ces formulaires. Ils sont tous rédigés dans des termes assez semblables. Voici le texte de celui qui a été proposé à la signature des fidèles dans le diocèse d'Angoulême :

Persuadés que la religion est nécessaire pour les familles, autant que pour les individus ;

Nous, ci-dessous désignés, voulons que le prêtre puisse toujours assurer le baptême et la première communion de nos enfants, le mariage de nos jeunes gens, la sépulture de nos morts, et remplir au milieu de nous le rôle bienfaisant de son ministère sacré ;

Et nous adhérons volontiers à l'association créée dans notre paroisse pour soutenir la religion et ses ministres.

Ce qui frappe le curé dont j'ai cité la lettre, ce qui l'émeut et le désole, c'est que la plupart des citoyens français qui signent un tel document n'ont aucune foi profonde. Mais il est permis, il est nécessaire de renverser la proposition. N'est-il pas curieux que des citoyens français qui n'ont aucune foi profonde consentent à signer un tel document. Ceux qui le font ne sont pas des enfants. Sans doute quelques-uns d'entre eux agissent par imitation, pour être agréables à un tel ou pour ne pas déplaire à tel autre. Mais cela ne serait grave que dans un milieu sérieusement catholique, où l'individu qui se distinguerait des autres serait sûr d'être boycotté et de perdre ses moyens d'existence. Mais ce n'est pas le cas dans la commune dont il s'agit. Le curé s'afflige de l'indifférence de ses paroissiens. La description qu'il a donnée de leur religion théorique et pratique est lamentable. Il ne s'exerce pas, dans ce village, une pression sociale en faveur de la religion. Et, dans un milieu pareil, les habitants disent presque à l'unanimité, non 'pas précisément leur volonté de maintenir le culte, mais leur désir que le culte soit maintenu. Je sais bien qu'il y a une nuance entre ces deux sentiments ; mais ce désir ne me paraît point négligeable.

Ce désir signifie que la séparation ne résout pas le problème religieux. Elle le pose, au contraire — et c'est un de ses bons côtés, — avec une force nouvelle et dans des termes inattendus. En suite d'un acte parlementaire, tout Français se trouve devant cette interrogation, et il est invité à y répondre : « Voulez-vous le maintien de la religion ? »

Eh ! sans doute, la réponse qu'il a l'air de donner aujourd'hui lui est suggérée, en grande partie, par la tradition qui l'a formé et dont il a vécu. Il ne se représente pas d'autre forme religieuse que le catholicisme. Ce n'est pas sa faute. Mais voici, ce sera une autre conséquence de la séparation que les clergés auront à compter désormais avec ces paroissiens sans lesquels l'exercice du culte ne serait pas possible. Il faudra prendre garde de ne point les choquer trop dans les sentiments intimes qu'une autre tradition, la tradition de la France révolutionnaire et républicaine, a développés en eux. Qu'on le veuille ou non, quelque chose de démocratique passera dans les associations cultuelles. Elles peuvent se fermer à ce souffle, mais alors elles ne vivront pas ou des schismes surgiront. Quand la religion est mise en régie par le gouvernement, l'ensemble du public ne s'y intéresse pas. Il fait sur elle les mêmes plaisanteries que sur les allumettes de l'Etat, et il s'y résigne. Quand on consent des sacrifices, même les moindres, pour un culte, on a un peu voix au chapitre. Cela ne s'exprime pas forcément, mais cela se sent. Et si l'autorité fait mine de ne pas s'en apercevoir, des accidents arrivent un beau jour.

Messieurs, nous ignorons tous ce que demain réserve à notre peuple. On veut qu'il se trouve, pour la première fois de son existence nationale, en face de cette question : « Désires-tu le maintien de la religion ? » Dans les débuts, il sera quelque peu déconcerté, ne sachant comment répondre. Qui nous dit qu'après des mois d'hésitation et d'incertitude, comprenant combien la question est grave, des consciences ne se mettront pas à murmurer : « Oui, nous désirons peut-être le maintien d'une religion ; mais nous entendons savoir au préalable de quelle religion. » Et ces consciences méditeront sur des problèmes qu'elles n'avaient jamais abordés. Elles seront d'abord dispersées. Elles se feront entendre, timidement, dans des coins très éloignés. Puis leur nombre augmentera, et alors se réalisera la parole de celui qui a dit que la grande question du xxᵉ siècle sera la question religieuse.

S'il doit en être ainsi, Messieurs, l'heure que nous vivons est une heure historique. Dans une large mesure, il dépend de nous qu'il en soit ainsi. Faillirons-nous à notre tâche ?

III

Avant de parler de notre tâche, continuons d'analyser la situation qui va nous être faite. J'entrevois, Messieurs, un changement nécessaire, inévitable, dans certaines pratiques qui nous offensent souvent dans nos sentiments les plus profonds. Je n'aime pas les déclamations violentes. Mais il n'est que trop certain que nous avons vu quelquefois s'esquisser — je dis seulement : s'esquisser — des tentatives pour installer une sorte d'irréligion d'Etat. Il y a d'ailleurs un sens dans lequel ce mot d'irréligion d'Etat ne me serait point déplaisant et dans lequel la chose serait parfaitement acceptable. Je veux l'Etat laïque, l'Etat laissant aux particuliers le soin d'avoir une religion ou de n'en pas avoir, l'Etat proclamant son absolue incompétence dans les problèmes de cet ordre, l'Etat s'interdisant de patronner une solution quelconque de ces problèmes. Dans ce sens, l'irréligion de l'Etat est synonyme de l'abstention de l'Etat en matière religieuse, de son souci de ne pas empiéter sur un domaine qui n'est pas le sien, de son scrupule rigoureux à n'avoir jamais l'air de donner aux doctrines de telle ou telle Eglise une estampille officielle. Cela, je ne me contente pas de l'admettre, je le réclame de toutes mes forces. Mais à ce terme d'irréligion d'Etat certains s'efforcent de donner un sens positif. Ils en font un synonyme d'antireligion. Et quand ils parlent de l'Etat laïque, ils ne l'entendent pas au sens où l'entendaient les fondateurs de la République. Ils en parlent comme de l'Etat s'affichant et devant s'afficher contre les religions. Ils admettent que l'Etat doit laisser aux religions toute la liberté de culte et de propagande. Mais ils demandent que l'Etat ait un enseignement directement contraire aux religions. Ce n'est encore qu'un vœu, mais un vœu qui s'exprime avec une énergie croissante. Des efforts suivis sont faits pour introduire cette conception dans l'école primaire.

Voici comment s'exprime, à ce sujet, dans la *Revue politique et parlementaire* (10 avril 1905), un homme qui n'appartient à aucune Eglise et qui est un philosophe indépendant au sens le plus élevé du mot. M. Darlu caractérise de la façon suivante les réclamations des libres-penseurs militants :

C'est pour le jour présent, c'est tout de suite qu'il leur faut une morale nouvelle à opposer, à substituer à la morale traditionnelle qui ne sait parler que des devoirs, de la famille, de la patrie, du sacrifice. Un jeune publiciste qui combat au premier rang de ce parti, M. Albert Bayet, vient de publier sous ce titre, *la Morale scientifique*, un petit livre fort curieux... Il veut que l'on substitue dès maintenant la morale nouvelle « à l'ancienne morale pratique ». Et pour cela il fait appel à l'école publique. L'enseignement de la morale que donne actuellement l'Université « est hostile aux idées nouvelles ». Il n'est « qu'une assez pauvre contrefaçon de la morale chrétienne ». Il faut la réorganiser immédiatement. Le nouvel enseignement... devra s'employer à faire disparaître de la conscience commune, où elles sont encore si fortement enracinées, les idées de devoir et de responsabilité. La guerre à ces vieilles idées, voilà la tâche urgente, l'effort de destruction que la morale scientifique impose tout de suite à l'éducateur. Car « un long temps est nécessaire pour détruire l'œuvre de tant de siècles, le fruit d'hérédités si lointaines et si puissantes ».

D'ailleurs la morale nouvelle n'a pas affaire à la conscience ; elle « ne réglemente pas la vie intérieure individuelle ». Elle ne propose point « de rendre les enfants meilleurs, au sens métaphysique et absolu du mot ». « Elle ne fait aucune place aux jugem nts de valeur », entendons aux jugements qui qualifient moralement les actions et jugent les personnes, autant dire à la morale. Comme le dit l'auteur, une telle conception « n'a presque aucun rapport avec la conception de la morale pratique courante »... Elle pénètre dans l'école... Elle tend à s'accréditer auprès des instituteurs.

Je ne puis pas entrer dans la discussion de cette morale qui n'en est pas une. Mais je ferai remarquer un des arguments que ses patrons aimaient jusqu'à ces derniers temps à mettre en avant. La libre-pensée agressive et autoritaire soutenait que l'Etat, l'Etat laïque actuel, n'observe pas une neutralité véritable, qu'il érige la religion en un service public, qu'il donne aux hommes chargés de sa propagande et de son enseignement l'autorité que confère toujours dans notre pays la dignité de fonctionnaire, qu'il recouvre par conséquent de son estampille les doctrines proclamées par ces hommes, et que l'on ne saurait s'étonner si le même Etat oppose à l'Eglise l'école et aux chaires de l'enseignement religieux les chaires laïques d'un enseignement contraire.

Messieurs, je ne combattrai pas cette théorie d'après laquelle l'antireligion, comme la religion, deviendrait un service public. Quand la loi sur la séparation sera promulguée, personne n'aura plus le droit d'invoquer la situation privilégiée des Eglises. Cela nous rendra forts pour nous opposer, de toute notre énergie, à la formation d'une antireligion d'Etat, à la formation de je ne sais quelle Eglise officielle de la libre-pensée qui formulerait ses dogmes, dans des conciles, à la majorité des votants, et prétendrait en faire ensuite l'objet d'un enseignement national.

Certes, j'aurais honte de moi-même et je me croirais indigne de la liberté, si je ne reconnaissais à toutes les tendances le droit de s'organiser en partis et à toutes les opinions le droit de fortifier leur propagande. J'appelle, au contraire, de tous mes vœux, une ère nouvelle de concurrence morale. Que les Eglises, que les loges maçonniques, que les sociétés de libre-pensée se donnent à tâche de répandre le plus largement possible leurs doctrines ; que les unes et les autres rivalisent de zèle pour se faire connaître et pour propager leurs idées ; que l'on proclame ce que l'on croit ou ce que l'on nie ; que l'on discute, que l'on se dispute ; c'est à merveille ! Mais c'est l'affaire d'associations indépendantes de l'Etat. L'Etat n'a le droit de se prononcer ni pour la métaphysique des uns ni pour le positivisme des autres. Et il doit à tous une école absolument neutre. Que s'il venait à l'oublier, eh bien ! avec le même entrain que nous avons mis à lutter, dans la compagnie de libres-penseurs, contre telle ou telle iniquité, nous nous mettrions à réclamer la séparation de l'Eglise libre-penseuse et de l'Etat républicain.

IV

Je pense, Messieurs, à ce que serait pour notre patrie une ère nouvelle d'individualisme moral, une ère dans laquelle toutes les tendances seraient librement en conflit, où les hommes se croiraient tenus d'être en tête à tête avec les problèmes et de se faire sur toutes choses, à commencer par les questions religieuses, des convictions vraiment personnelles. Permettez-moi d'y rêver et, pour éviter les abstractions, de vous rappeler un simple fait.

Vous vous souvenez, Messieurs, d'un livre qui a fait grand bruit, il y a quelques années. M. Demolins se demandait : *A quoi tient la supériorité des Anglo-Saxons?* Et il répondait : elle tient à leurs origines lointaines, à la formation particulariste de leur société. Les ancêtres, vivant sur les côtes de la Norvège où la bande de terre cultivable est très étroite, ont été surtout des pêcheurs. Dans sa petite barque, livré à lui-même, n'ayant à compter sur personne, le pêcheur prend des habitudes d'indépendance et d'individualisme. Au début de la race anglo-saxonne, il y a la petite barque dont l'influence se fait encore sentir. Quand on est monté dans ce bateau, c'est pour long-temps.

L'idée est piquante. Dans une certaine mesure, je la crois un peu vraie. Mais ce qui me paraît curieux, c'est la date à laquelle l'influence de la petite barque s'est fait sentir. On a publié, vers l'époque du livre de M. Demolins, des lettres d'un officier suisse fort intelligent, qui a servi dans les armées de Louis XIV, et qui fit, en 1696 ou 1697, un séjour de quelque durée en Angleterre. Ces lettres sont un document de premier ordre. Béat de Muralt signale un certain individualisme chez les Anglais, une certaine indépendance à l'égard du « qu'en dira-t-on ». Mais le reproche qu'il leur fait nous étonne autant qu'il est possible. Il les accuse d'être paresseux et peu entreprenants : « Contents de leur condition pour peu qu'elle soit bonne, ils ne font pas de grands efforts pour la rendre meilleure ; peu d'Anglais vont chercher fortune, et peut-être pourrait-on dire, à l'honneur de ce petit nombre, que pas un ne réussit. Ils jouissent de ce qu'ils ont, et vivent selon leur inclination, blâmables seulement en ce que quelquefois ils n'en ont pas de fort belles. » Ce type d'Anglais, ne sortant pas de chez lui, vivant en philosophe, content de peu, ne réussissant pas en affaires, déconcerté par un échec, incapable de réparer ce qu'il a perdu, ne ressemble guère au type d'énergie que M. Demolins nous dépeint et que nous rencontrons partout.

Et pourquoi ce peuple s'est-il tout à coup orienté vers l'action et l'énergie ? Messieurs, je remarque une coïncidence. Ce peuple vient d'accomplir sa révolution de 1688, et il est devenu décidément protestant. Sans doute la Réforme était faite depuis le xvi⁰ siècle. Mais, seule, la chute de la dynastie des Stuarts et l'avènement de la maison d'Orange firent de l'Angleterre le pays de la liberté religieuse. L'acte de tolérance de Guillaume III (1689) reconnut aux presbytériens, aussi bien qu'aux indépendants, aux baptistes et aux quakers, le droit d'exercer publiquement leur culte. Le non-conformisme recevait droit de cité dans une Angleterre qu'il allait transformer. Il est, en effet, frappant que la véritable expansion des Anglo-Saxons est consécutive à cet acte. C'est un fait.

Et ce fait ne nous étonne pas. Je pense là-dessus comme Auguste Sabatier qui disait admirablement à propos du livre de M. Demolins et des lettres de Béat de Muralt : « Si l'Anglais se fait à lui-même sa vie, c'est qu'il a commencé par se faire à lui-même sa foi, en lisant sa Bible. Libre devant Dieu, il devient libre à l'égard de tout l'univers. La personnalité humaine lui est sacrée parce qu'elle est pour lui le temple de Dieu. De là découlent toutes les libertés et la première de toutes, celle de la conscience. L'*Habeas corpus* repose sur l'*Habeas animam*. Et telle est la puissance décisive de ce principe — (méditez bien, Messieurs, cette observation d'Auguste Sabatier) — que l'Ecosse et le pays de Galles, dont les habitants sont proches parents de ceux de l'Irlande et de notre Bretagne, tout en conservant leurs traits ethniques, se trouvent représenter la fleur de la civilisation et de la liberté anglaises. »

Je ne vois pas pourquoi les Anglais auraient seuls le privilège de tirer les conséquences pratiques de l'individualisme moral. Je me console de ne pas avoir subi l'influence de la petite barque, puisque les Gallois et les Ecossais ont pu s'en passer. Mais je ne me consolerais pas que nous fussions seuls, parmi les hommes, à ne pas profiter d'une révolution religieuse. Je n'accepte pas d'en prendre mon parti. L'individualisme spirituel produira ses effets chez nous comme ailleurs.

V

A quelles conditions les perspectives qui s'ouvrent devant nous ne seront-elles pas des illusions ?

Quand on a dit qu'il nous faut, pour cela, des « Eglises vivantes », on n'a rien dit ou presque rien. Car il importerait, au préalable, de s'entendre sur le sens de ce mot : « Eglise vivante ». Que seront nos Eglises de demain ? — Des associations, c'est entendu. Mais quel sera le but de ces associations ?

Ne nous leurrons pas. Ils sont nombreux, parmi nous, ceux qui pensent que le but sera atteint si ces associations obtiennent de leurs membres les sacrifices suffisants pour leur permettre de placer à la tête de chacune d'elles un pasteur. N'auront-elles pas rempli leur devoir si elles fournissent à un homme le moyen de se consacrer, sans avoir le souci d'un autre gagne-pain, au service de Dieu, si cet homme prêche régulièrement le dimanche et peut-être une fois dans la semaine, s'il fait des visites, et si les paroissiens, docilement, semaine-après semaine, vont s'asseoir sur les mêmes bancs, s'associer aux mêmes actes liturgiques et recueillir les enseignements distribués du haut de la chaire. Une Eglise vivante, cela ? Allons donc ! C'est bien souvent une Eglise qui n'est vivante que par procuration et qui fait volontiers du pasteur le remplaçant attitré de tous les laïques dans l'œuvre de Dieu !

Et ceci, mes chers amis, — je tiens à le dire devant vous tous et, en particulier, devant ceux qui sont étudiants en théologie — ceci n'est point pour diminuer le rôle que joueront les pasteurs dans les Eglises de demain. On s'est demandé, d'excellents chrétiens se sont demandé si le pastorat de carrière n'avait pas fait son temps. J'estime que c'est une exagération dangereuse. En voulant restituer aux laïques leur part légitime d'action et de responsabilité dans le développement du royaume de Dieu, on risque de dépasser la mesure et de tomber en des excès fâcheux.

Oui, il faut des pasteurs, c'est à dire des hommes mis à part pour un certain ministère. Il en faut pour plusieurs raisons. Il est d'abord indispensable que, dans notre vie agitée, tourmentée, dispersée, quelqu'un se donne la tâche particulière d'être à la disposition de tous, que l'on puisse l'appeler auprès de tous les malades et de tous les mourants. Il semble que, par la suppression du pastorat de carrière, on universaliserait, pour ainsi dire, le ministère. C'est une erreur. On réserverait par là cette activité, non pas peut-être au plus capable, mais à celui qui aurait le plus de loisir. Qui sait si le mieux qualifié sera toujours l'homme à qui sa fortune laisse du temps libre et si ce ne sera pas souvent un homme qui, n'étant pas mis à part pour cela, ne recevant pas un juste traitement, sera forcé de travailler toute la journée et ne pourra pas mettre au service de ses frères les dons particuliers que Dieu lui aura donnés ? Il faut ensuite un pastorat de carrière parce que des études spéciales sont aujourd'hui nécessaires pour tenir tête à la libre-pensée. On ne réfute pas avec les effusions sentimentales et par l'étalage d'une incompétence pieuse les argumentations d'allures scientifiques qui pénètrent partout. Il faut de l'instruction, et beaucoup, pour se dresser contre une fausse science.

Enfin nous avons besoin d'un pastorat de carrière pour la formation de la jeunesse dans nos Eglises. Notre foi repose d'aplomb sur la Bible. C'est entendu. Mais ayons le courage de voir pourquoi tant de nos contemporains n'ouvrent pas le vieux livre. C'est parce qu'ils ne le comprennent pas. J'éprouve une vénération passionnée pour l'Ancien Testament. Vous l'éprouvez, vous aussi. Dites, franchement, si cet Ancien Testament que vous aimez est souvent ouvert par vous, par vos enfants. Dites, franchement, s'il ne vous paraît pas obscur, si beaucoup de ses pages ne vous inquiètent pas, si vous ne vous sentez pas étrangement désarmés devant certaines attaques de l'incrédulité. Eh bien ! reprenez courage. Par une dispensation mystérieuse de Dieu qui s'appelle le développement de l'histoire et de la critique, jamais l'Ancien Testament n'a pu être clair et bienfaisant comme aujourd'hui. Nos Eglises se figurent souvent que certaines sciences ne sont que destructives. Elles ignorent que, grâce à ces sciences, il nous est possible d'ouvrir notre antique Bible avec des émerveillements de la foi que nos pères n'ont pas connus. Mais pour que nos Eglises sachent tout cela, des pasteurs sont nécessaires, des pasteurs qui sauront faire leur éducation.

Donc il nous faut un pastorat de carrière. Mais j'ajoute : il faut que chaque membre de l'Eglise se sente, pour son propre compte, responsable des destinées du christianisme. Il ne sera pas content de lui-même parce qu'il aura suivi docilement les cultes du dimanche et peut-être de la semaine. Il y sera venu pour rien, à ces réunions religieuses, s'il n'y est pas venu dans l'angoisse de son âme, accablé sous le poids des devoirs aperçus, pour trouver dans la communion avec son Dieu et avec ses frères le réconfort de sa vie intérieure. Il y est venu pour rien, à ces réunions dites religieuses, s'il n'en est pas sorti tout vibrant d'amour pour les frères du dehors, rêvant de dévouements nouveaux et de conquêtes patientes. Mais s'il n'y est pas venu pour rien, il fera tout pour que l'association dont il est un membre vivant soit elle-même tourmentée d'ambitions et conquérante. Il se demandera sans cesse ce dont elle a besoin pour que sa puissance d'attraction soit redoublée...

Ce qu'il y a de navrant, ce sont les braves gens qui font de l'Eglise, en prenant ce mot à la lettre, un troupeau. Oh ! le ridicule idéal ! Un troupeau de brebis timides et d'agneaux tremblants qui bêlent à l'unisson des cantiques machinalement appris ! Un troupeau docile et dressé qu'un supérieur conduit, et qu'il conduit peut-être de haut, avec des mines imposantes et satisfaites ! Ecartons cette image. Une Eglise, c'est une association d'hommes complets et dont chacun sent vraiment sa dignité d'homme. Ils sont les collaborateurs du pasteur. Celui-ci est leur chef, c'est entendu. Mais il n'a point pour idéal de maintenir à tout prix son autorité, et, pour cela, s'il le faut, de paralyser et de miner toutes les initiatives. Il les appelle, ces initiatives dont certains s'effraient ; et, quand elles surgissent, il s'en réjouit. L'Eglise de demain, c'est une association dans laquelle chaque chrétien entendra posséder une activité propre et la dépenser, dans laquelle le ministère pastoral ne sera qu'un des ministères, le plus grand, si vous voulez, mais dans laquelle aussi tous les autres ministères auront l'occasion et les moyens de s'affirmer. Messieurs, quand cette Eglise de demain sera fondée, bien des choses seront faites nouvelles.

VI

Dans cette crise religieuse, dans cette crise nécessaire, quel sera le rôle de la Fédération des étudiants chrétiens?

Elle s'efforcera de s'installer dans toutes les villes universitaires, et, là, de grouper tous ceux de nos camarades qui se réclament du Christ et aussi tous ceux qui, ne se sentant pas la liberté de se déclarer formellement chrétiens, savent aussi que tous les problèmes religieux ne sont pas résolus par une négation tranchante, et sur qui la personne du Christ exerce tout au moins l'attrait du mystère. Et pourquoi voulons-nous les grouper?

Ah ! ce n'est point pour les enrégimenter sous une bannière quelconque, fût-ce la bannière de Celui que nous acclamons comme notre Sauveur et notre Maître. Nous savons quel accueil nous serait fait par des jeunes gens épris de liberté scientifique. Ils diraient, en termes très vifs, leur révolte contre une tentative de ce genre. Et nous estimons, nous, qu'ils auraient absolument raison. Le temps est passé des embrigadements, quels qu'ils soient. Si jamais — cela ne nous arrivera pas — nous rencontrions de bons jeunes gens dressés à toutes les docilités, disposés à recevoir passivement des mots d'ordre, désireux de subir une vérité toute faite au lieu de la chercher librement et à leurs risques et périls, celui qui a l'honneur de présider notre Fédération française serait le premier à leur dire : « Vous n'êtes pas tout à fait des nôtres. Si vous voulez prendre rang parmi nous — et nous désirons que ce soit le plus tôt possible, — ayez d'abord l'ambition d'être, non pas des automates spirituels, mais des hommes. » Certes, nous sommes chrétiens, dans notre Fédération, mais nous le sommes en tâchant de reproduire dans notre existence le respect absolu que le Christ professait pour l'âme humaine.

Mais, s'il ne s'agit d'enrégimenter personne, que voulons-nous faire? Nous voulons assurer à de jeunes hommes libres les bienfaits de l'association libre. Nous faisons appel à des étudiants, c'est à dire à des âmes qui cherchent la vérité. Nous voulons fournir à ceux qui viennent à nous le moyen d'étudier les problèmes religieux. Nous voulons travailler ensemble, chercher ensemble, méditer ensemble. Avec eux, nous nous mettons à l'écart des préjugés régnants, des plaisanteries faciles et gênantes ; nous nous disons tout ce que nous avons sur le cœur, les difficultés qui nous arrêtent, les besoins spirituels qui nous sollicitent. Nous mettons en commun nos expériences et nos rêves. Oh ! si nous pouvions — je le dis en tremblant — leur procurer le contact de vies véritablement renouvelées par l'esprit du Christ !...

Nous pensons que Dieu peut rencontrer une âme partout et dans toutes les situations. Mais nous savons aussi qu'il y a des conditions particulièrement normales pour la recherche de la vérité morale et religieuse. Vous connaissez ce mot d'un homme d'esprit : « Si je savais où passe le chemin de Damas, j'irais de temps en temps me promener par là ! » Nous estimons, nous, qu'on ne va pas vers la vérité morale en flânant et les mains dans ses poches. Nous estimons que toute recherche est une lutte sincère et parfois un combat angoissant. Nous estimons que, pour aller à ces luttes et à ces combats, ce n'est pas trop que de ramasser toutes ses énergies spirituelles. Un jeune homme se demande si l'univers a un sens moral et si le rêve du souverain bien, au sens où l'entendait Kant, est une idée permise. Est-il loyal avec lui-même ? Avant de s'attacher à ce problème, il examinera, non pas la réalité qui l'entoure, mais sa propre conduite, l'état de sa propre conscience. Il verra s'il n'est pas intéressé à découvrir une solution qui absolve les faiblesses de sa vie privée et qui l'excuse d'avoir pris pour son jouet la pauvre créature de Dieu que la faim a forcée de se vendre. Messieurs, pour penser sur certains problèmes, il ne suffit pas d'avoir une solitude bien chaude et silencieuse et de disposer d'une bonne bibliothèque. Il faut surtout avoir nettoyé son œil intérieur. Supposons que, contrairement à nos croyances les plus intimes, la vérité morale ne soit qu'illusion, nous ne le distinguerons pas avec moins de clarté, si nous avons conservé la maîtrise de notre âme. Nous serons sûrs de n'avoir point poursuivi de parti-pris la découverte qui nous agréait d'avance. Supposons que nous ne nous trompions pas et que la vérité morale et religieuse ne soit pas une illusion, ne voyez-vous pas combien nous avons à nous garder contre une conspiration de toutes nos puissances inférieures pour nous empêcher de distinguer cette vérité ? Qui ne sait à quel point, dans la vie de l'étudiant, les tentations mauvaises sont nombreuses et envahissantes ? L'organisation de milieux fermés à ces tentations, ouverts à tous les souffles supérieurs, n'a pas simplement pour but, comme on pourrait le dire avec une ironie médiocrement spirituelle, d'assurer la tranquillité des parents ; elle va — proclamons-le bien haut — elle va dans le sens de la liberté scientifique et philosophique.

Mais notre Fédération devrait avoir et elle a d'autres ambitions. Elle ne se compose pas uniquement de jeunes gens qui s'interrogent sur les questions religieuses. Elle se compose aussi de jeunes gens qui, dans une heure solennelle de leur vie, ont rencontré le Christ, l'ont salué comme leur Maître et Sauveur, et lui ont dit : « Ma vie t'appartient. » Ces jeunes gens, qui sont des chrétiens déclarés, ont des vocations très diverses. Ils seront médecins, avocats, juges, professeurs, littérateurs, chimistes, mathématiciens, que sais-je encore ? Est-il admissible que leur christianisme ne communique pas une nuance particulière à la façon dont chacun d'eux remplira sa vocation propre ? Est-il admissible qu'une vocation spéciale ne donne pas un aspect unique à la façon dont chacun d'eux vivra son christianisme ? Messieurs, il faut en finir avec des théories qui n'ont rien de protestant, mais qui nous ont envahis peu à peu. Une des caractéristiques profondes de la Réforme est qu'elle ne met pas d'un côté la religion et de l'autre la vie quotidienne. Elle n'établit pas des cloisons étanches dans notre existence. Elle entend que notre vie la plus banale soit pénétrée de religion et que notre religion se traduise toujours dans notre vie. Et c'est pourquoi rien ne devrait être plus varié que des existences chrétiennes. Chacune d'elles devrait avoir son originalité propre, être une création directe de l'Esprit. Et voilà pourquoi il est bon, il est légitime, il est nécessaire que des jeunes gens, en quelque sorte mis à part pour leurs études, ne se confinent pas dans leurs études, et, au lieu de s'en reposer dans la fumée d'une brasserie et dans des conversations quelconques, puissent trouver un milieu plus intéressant, plus digne, plus riche d'ambitions spirituelles. Il faudrait qu'ils sentissent là leur vocation spéciale se transformer peu à peu en un véritable charisme, et la profession à laquelle ils se préparent leur apparaître comme le métier, c'est à dire, étymologiquement, comme le ministère personnel dont ils seront chargés pour les progrès du royaume de Dieu.

VII

Il me reste à toucher à un point très délicat.

En mars 1793, Robespierre s'opposait à la suppression du budget des cultes. Que tous ses arguments fussent libéraux, je ne vous l'affirmerai pas. Certains étaient même singulièrement autoritaires. Mais un des principes qu'il alléguait contre la réforme était très curieux. Il accusait celle-ci de n'être point démocratique. Ce sont les masses, disait-il, qui manifestent le plus de sentiments religieux. Or ce sont elles qui auront le moins de ressources pour entretenir le culte. Les pauvres « seront donc à cet égard dans la dépendance des riches… ; ils seront réduits à mendier la religion, comme ils mendient du travail ou du pain. »

Pour être d'un révolutionnaire, cette pensée n'est point sans répondre à un souci légitime. Car, un demi-siècle plus tard, je la retrouve sous la plume d'un homme qui passerait aujourd'hui pour un conservateur. Je veux parler du vénérable pasteur Grandpierre. En 1848, la question de la séparation des Eglises et de l'Etat s'était posée, et M. Grandpierre fit sur cette question un rapport au consistoire. Je cite un passage de son travail :

Si chaque église paie directement son pasteur, qu'arrivera-t-il ? La pression exercée est en raison de la proximité, et le degré de liberté laissée, en raison de l'éloignement de ceux qui contribuent au traitement du pasteur. Une administration centrale éloignée porte moins atteinte à l'indépendance du ministère que la communauté qui en est le plus rapprochée. Représentez-vous un pasteur en chaire s'adressant à un auditoire qui le fait vivre, où il peut discerner sans peine, parmi ses ouailles, celles qui contribuent le plus largement à son traitement, supposez-le aussi noble de sentiments, aussi ferme de caractère, aussi pénétré de sa sainte vocation qu'il est capable de l'être : croyez-vous qu'à la longue il ne subira pas l'influence fâcheuse de cette position, et que des circonstances de famille ou des nécessités de fortune ne le porteront pas, à son insu peut-être et insensiblement, à fléchir dans la prédication de la vérité ou à se relâcher de la sévérité de son ministère ?... Les journaux religieux américains ne sont point suspects en cette matière ; ils se publient dans un pays où le salaire des cultes par les fidèles est généralement admis et hautement préconisé. Les abus nombreux qu'ils signalent, les plaintes amères dont ils abondent, n'en sont que plus dignes de fixer notre attention.

Les plaintes dont M. Grandpierre parlait en 1848 n'ont pas entièrement disparu en Amérique. Parfois même elles se sont aggravées. Je lisais, il y a quatre ou cinq ans, dans la *Revue chrétienne*, un mot terrible d'un pasteur de la Nouvelle-Angleterre. C'est à propos des dettes qui écrasent parfois les Eglises. Il arrive qu'un vrai marché se conclut : l'Eglise s'engage tacitement à rendre en considération les sommes qu'un favorisé de la fortune lui apporte ; et on ne peut pas toujours s'arrêter là : le gouvernement de l'Eglise passe aux mains de ceux dont elle dépend. Où reste alors l'Eglise de l'Evangile, l'Eglise des pauvres et des déshérités ? — « Jésus, dit ce pasteur, Jésus enseignait combien difficilement les riches entreront au royaume des cieux, et l'Eglise enseigne aujourd'hui combien facilement ceux qui ont des richesses entreront dans l'Eglise et lui imposeront leur volonté. D'où nous sommes forcés de conclure que celui qui est le plus propre à être membre de l'Eglise est le moins propre au royaume des cieux.»

Je ne suis pas homme, Messieurs, à me servir d'une simple citation pour construire le tableau fantaisiste d'une situation générale. On calomnierait les Eglises des Etats-Unis — il me serait facile de le prouver — si l'on voulait donner ce propos d'un pasteur pour le résumé de ce qui se passe dans toutes les Eglises au delà de l'Océan. Dans beaucoup de ces communautés, tous les fidèles donnent largement et ne sont pas dans les mains de quelques riches. Mais il n'en est pas moins vrai que, dans des cas réels et trop nombreux, le mot que j'ai cité correspond à une réalité navrante. Il y a donc là, pour des Eglises séparées de l'Etat, un danger positif, un danger auquel elles doivent parer.

Il y a des institutions qui peuvent servir à combattre cette oppression possible. Savez-vous, Messieurs, pourquoi j'ai lutté si obstinément pour que tous les groupes d'Eglises aient le droit de former des unions nationales avec caisse centrale? Sans doute je demandais ce droit parce que sa suppression aurait été la négation formelle et légale de toute notre tradition historique. Sans doute, je demandais ce droit parce que je songeais aux Eglises pauvres et à la nécessité de leur procurer l'assistance des Eglises plus fortunées. Mais je le demandais surtout parce que j'y voyais — et j'y vois toujours — un excellent moyen pour maintenir nos Eglises dans la ligne démocratique et pour les défendre contre la tyrannie de l'argent. Une caisse centrale est atteinte dans une certaine mesure quand un de ses souscripteurs importants se met en grève. Mais elle est, dans ce cas, beaucoup moins en péril que la caisse particulière d'une Eglise locale. Celle-ci peut être terriblement compromise par la privation d'un millier de francs. Proportionnellement, une caisse centrale l'est beaucoup moins.

Mais personne, dans aucune Eglise, ne construira un mécanisme si parfait que, par son simple jeu, il rende impossibles tous les abus. Aussi bien l'effet du Concordat a-t-il été de donner aux Eglises officielles des habitudes de congrégationalisme. On lutte contre ces habitudes, je le sais. J'ai la conviction qu'on finira par en triompher. Mais, en attendant, ce congrégationalisme latent est là. S'il produit quelques-uns de ses effets, nous verrons surgir, en bien des communautés, le danger qui sévit dans un certain nombre d'Eglises américaines. Ici, je désire prévenir un malentendu. Je ne suis ni assez sot ni assez malveillant pour porter contre tous les riches des accusations inconsidérées. Je ne suis pas un pieux démagogue. Il y a des riches — et j'en connais — qui ont, autant et plus que personne, le respect des consciences. Ils flétriraient les abus dont nous parlons. Ils ont été les plus actifs à encourager tous les efforts en faveur de l'organisation nationale des Eglises, en faveur d'une caisse centrale qui soit une caisse de liberté.

Mais n'est-il pas vrai qu'il y a, pour la richesse, une tentation bien naturelle? Ce n'est point parce qu'elle est la richesse. C'est parce qu'elle constitue une puissance sociale. Comment voulez-vous qu'un homme, pourvu de ressources qui le rendent fort, ne songe jamais à se servir de ses ressources et de sa force dans l'intérêt de ses idées? Messieurs, pour n'être jamais visité par une pensée d'autoritarisme, il faut ou bien être un saint ou bien n'avoir pas d'idées chères, ou bien n'être en possession d'aucune puissance, d'aucune force.

Il faut donc que les associations cultuelles soient garanties, dans la plus grande mesure possible, contre l'autocratie à laquelle, avec d'excellentes intentions d'ailleurs, risqueraient de prétendre des Pères et surtout des Mères d'Eglises. A défaut d'une organisation qui écarte ce péril d'une manière automatique, par quoi serons-nous préservés ? Il n'y a de recours que dans l'action compensatrice de ce que l'Ecole Le Play appelle les « autorités sociales ». Je n'aime pas beaucoup cette expression. Elle rappelle un peu trop la distinction des hommes en dirigeants et en dirigés. Elle choque en moi le sens démocratique. Mais il n'en est pas moins vrai que, sans admettre le « paternalisme » aristocratique de l'Ecole Le Play, il faut reconnaître l'influence exercée tout naturellement par les hommes qui occupent certaines situations sociales. Dans un village, un médecin, un notaire, un professeur retraité, un ingénieur jouissent d'un crédit incontestable. Croyez-vous qu'il soit indifférent que ces hommes apportent leur crédit dans l'association cultuelle ? L'association sera fortifiée par leur seule présence. Elle sera, par leur adhésion, recommandée au public. Mais croyez-vous qu'elle aura les mêmes destinées, si ces hommes, ces « autorités sociales », se dressent, avec toute la politesse dont ils sont capables, mais aussi avec toute la force de leur indépendance, contre les pensées d'absolutisme qu'un châtelain fortuné laisserait entrevoir ?

Messieurs, il y a des hommes qui prédisent que, dans nos Eglises séparées de l'Etat, la pensée a beaucoup de chances d'être opprimée par l'argent. Je crois cette prédiction fort exagérée. Mais il y a un fait qui contribuerait à diminuer ce péril : c'est l'organisation et le développement de la Fédération des Etudiants chrétiens. Vous ne représentez pas la fortune ; mais vous représentez le travail intellectuel, vous êtes capables de dire et de rappeler à tous l'imprescriptible dignité de la pensée. Durant les années de votre jeunesse, vous vous serez penchés sur les problèmes religieux. Vous aurez saigné contre toutes les difficultés de doctrines. Vous vous serez fait des convictions à la sueur de votre front et dans l'angoisse de votre âme. Quand vous serez des membres actifs des associations cultuelles, vous empêcherez la domination brutale de ceux qui, souvent n'ayant rien étudié, veulent imposer aux autres leurs solutions toutes faites ou le silence. Mais vous vous souviendrez que votre effort n'aura d'efficace qu'à une condition. C'est que les plus petits, les plus humbles, les plus ignorants soient obligés de confesser devant votre vie religieuse : « Je ne comprends pas très bien les idées de cet homme. Si je pensais comme lui, il me semble que j'en serais troublé dans ma foi. Mais je sens que cet homme vit pour le Christ et du Christ. »

Messieurs, il est plus que temps que j'arrête ces propos déjà trop longs. Je n'ajouterai qu'un mot. On se demande souvent, dans nos réunions, ce qu'il faut à notre Fédération pour qu'elle grandisse et prospère. La réponse est simple. La Fédération n'a qu'à ne pas se poser cette question. Elle n'a qu'à constater qu'elle ne vit pas pour elle-même, qu'elle ne poursuit pas son propre succès et sa propre prospérité. Qu'elle songe à la crise qui s'ouvre, aux détresses morales qui nous entourent, aux cris de souffrance spirituelle qui montent vers nous. Et alors que, sans songer à elle-même, elle s'interroge sur ses devoirs, sur la meilleure manière de se donner et de se dévouer. La loi divine est pour elle comme pour tous les hommes : « Celui qui voudra sauver sa vie la perdra, mais celui qui la perdra à cause de moi la retrouvera. » Messieurs, notre Fédération sera tout ce qu'elle devra être, elle jouera le rôle qui doit être le sien, elle aura l'importance qu'elle a le devoir de conquérir, le jour où, dans un élan unanime, dans un élan sortant de toutes nos consciences, elle aura pris au tragique sa devise inscrite, là, sur ce mur : Faire Christ Roi !

NOTES

Pendant que ce volume s'imprimait, la loi de séparation était votée par le Sénat et promulguée. Rien n'a été changé au texte de la Chambre. Mais, sur plusieurs points importants, des déclarations, explications ou précisions ont été apportées à la tribune. Nous indiquerons ici les principales, en renvoyant aux pages de notre brochure auxquelles elles se rapportent.

I. *Page 11.* — A propos de la dévolution des biens, une erreur assez singulière est en cours parmi les protestants. D'aucuns pensent que les Consistoires sont chargés par la loi d'opérer cette dévolution. Rien de tel n'est inscrit dans la loi. Il est dit seulement que l'attribution des biens sera faite par les représentants légaux des établissements publics des cultes. Or, les Conseils presbytéraux et les Consistoires sont des établissements distincts ; chacun fera la dévolution pour ce qui le concerne, c'est à dire pour les biens qui lui appartiennent en propre. Le Consistoire agira pour ses biens particuliers et le Conseil presbytéral pour les siens. Les règles d'organisation générale du culte n'ont rien de commun avec l'organisation concordataire, avec l'organisation imposée par l'Etat. Ce sont celles que les Eglises, seules compétentes en la matière, reconnaissent conformes à leurs traditions. En ce qui concerne les Eglises réformées, ce sont les règles générales du régime presbytérien synodal ; or, une de ces règles admises sans contestation, c'est la grande indépendance de l'Eglise locale. On verra que le règlement d'administration publique aura soin de ne point dire quelles sont les règles d'organisation générale de chaque culte ; cette détermination est l'affaire des Eglises et non de l'Etat.

II. *Pages 12 et 31.* — La question des biens « ayant une affectation étrangère au culte » a été portée devant le Sénat par M. Philippe Berger. L'honorable sénateur a reconnu que le gouvernement avait fait preuve d'un esprit de conciliation en admettant que les sociétés reconnues d'utilité publique pourraient recevoir les biens ayant une destination charitable : « Seulement, a-t-il continué, il n'y a pas partout de ces sociétés, et alors que faire ? Le voici, je le crois du moins. Il y a des sociétés charitables qui ne sont pas reconnues d'utilité publique et qui, en ce moment même, sollicitent la reconnaissance. Il en est d'autres qui peuvent se fonder, qui se fonderont et qui demanderont la reconnaissance d'utilité publique, en vue du nouvel état de choses... je prierai le ministre... d'examiner avec bienveillance cette demande de reconnaissance, et, lorsqu'il reconnaîtra à ces associations les conditions matérielles et morales qu'il est en droit d'exiger pour la reconnaissance, d'agir auprès du Conseil d'Etat pour que cette reconnaissance puisse avoir lieu dans les délais prévus par la loi pour l'attribution des biens des anciens établissements publics du culte aux associations cultuelles. »

La réponse du ministre a été celle que l'on était en droit d'attendre. M. Bienvenu Martin n'a pas pris l'engagement — il ne pouvait pas le prendre — que toutes les sociétés qui se fonderaient dans cette intention obtiendraient la reconnaissance postulée. Mais, en son nom commē au nom du ministre de l'intérieur, il a déclaré : « Quand une association sollicitant la reconnaissance offrira les conditions qu'on doit exiger en pareil cas et qui sont bien celles qu'a indiquées M. Berger, le gouvernement examinera sa demande avec bienveillance et avec le désir de lui donner satisfaction. »

III. *Page 33.* — Le Sénat s'est occupé, dans la séance du 1er décembre, des associations cultuelles. Il y avait grande importance à préciser le sens de certaines dispositions et à ne pas les mettre en contradiction avec le principe acquis de la liberté des cultes. Le problème s'est présenté dans la discussion de l'article 19. Il a été résolu selon la justice et la vérité. Les associations doivent, d'après l'importance des communes, compter 7, 15 ou 25 membres. N'y a-t-il pas des cas où il sera malaisé, surtout pour des minorités religieuses, de pourvoir à ce qui est une condition *sine qua non* pour l'exercice public d'un culte ? Le ministre, le président de la commission et le rapporteur ont répondu dans des termes qui doivent satisfaire les plus difficiles.

« C'est l'association religieuse, a déclaré notamment M. Maxime Lecomte, qui déterminera elle-même sa circonscription : c'est une des conséquences de la liberté religieuse. » Et cette proposition a été répétée par l'honorable M. Vallé. C'est dans la circonscription religieuse, ainsi constituée par les intéressés eux-mêmes, que devront résider, non pas tous les membres de l'association, mais les 7, 15 ou 25 personnes qui forment le chiffre minimum de membres exigé par la loi. Quant à ce chiffre, il dépendra de l'importance de la commune dans laquelle l'association aura fixé son siège. M. Vallé s'est exprimé de la sorte : « L'aura-t-elle fixé dans une commune de moins de 1.000 habitants ? Le nombre minimum sera de sept personnes. L'aura-t-elle fixé dans une commune de plus de 1.000 habitants, mais de moins de 20.000 ? Le nombre sera de quinze personnes. Et ainsi de suite. En un mot, c'est le siège qui sera indicatif du nombre minimum de membres que devra comprendre toute association cultuelle. » Le ministre, de son côté, a déclaré que l'association « aura la faculté d'emprunter ses membres à plusieurs communes ».

Une conséquence naturelle de ce droit est à noter. Il peut arriver que, dans certaines régions, l'association doive étendre sa circonscription sur un certain nombre de localités. Dans ce cas, a répondu le rapporteur, « la circonscription de l'association cultuelle, organisée par les fidèles en toute liberté, peut avoir plusieurs lieux de culte dans plusieurs églises ». Ce détail avait été soulevé par M. Ponthier de Chamaillard, à propos des paroisses catholiques en pays montagneux et étendu. L'explication apportée par M. Maxime Lecomte et confirmée par M. Vallé rassurera les minorités religieuses.

IV. *Page 38*. — Un amendement dans le sens indiqué ici avait été déposé par MM. Gustave Denis et Richard Waddington. Interrogé par M. Philippe Berger, M. Bienvenu Martin a répondu qu'il ne pouvait par avance promettre cette exonération à toutes les sociétés prises en bloc. Il faut que le gouvernement connaisse les statuts de chacune des sociétés visées et s'assure si elles sont purement cultuelles et n'ont aucun caractère plus ou moins lucratif. Mais le ministre a déclaré qu'il y avait là des situations fort intéressantes, qu'il en était préoccupé, qu'il promettait d'étudier chaque espèce et d'étendre à ces sociétés, chaque fois qu'il le pourrait, la disposition contenue dans l'article 10.

V. *Page 67*. — A propos des associations cultuelles, la question de la caisse centrale a été posée. Quels seraient les rapports des associations entre elles? Deux droits sont formellement inscrits dans la loi. Les plus riches pourront secourir les pauvres et toutes ensemble pourront former des unions. Mais le projet ne précise pas quels seront les rapports d'une association avec l'union dont elle fait partie. Or, un certain nombre d'Eglises ont besoin d'être fixées sur ce point. Il y en a qui ont une répugnance justifiée à mettre le ministre du culte dans une dépendance trop étroite à l'égard de sa communauté ou de deux ou trois membres riches de sa communauté. Elles voudraient avoir une caisse centrale qui réglât les traitements. C'est légitime. La plupart des Eglises indépendantes, en Ecosse, en Suisse et ailleurs, agissent ainsi. Les méthodistes, en France, font de même depuis longtemps. Que permet la loi là-dessus ?

M. Gustave Denis a voulu le savoir et il a interrogé M. Bienvenu Martin. Celui-ci a proclamé un principe, celui de l'autonomie des associations cultuelles pour la gestion de leurs ressources. Il ne faut pas qu'il puisse y avoir « confusion de patrimoine »; et il importe que le contrôle ne devienne pas impossible. « Quant à des cotisations, a-t-il ajouté, qui seraient versées à *une autre*, sans confusion de recettes ni des patrimoines de chacune d'elles, c'est une question qui pourrait être réglée par les statuts. »

Le mot que j'ai souligné montre que cette réponse, tout en posant des principes essentiels, ne résout pas, à elle seule, le problème. Car il s'agit des rapports d'une association, non pas avec *une autre* association, mais avec une union. Sur une insistance de M. Gustave Denis, le ministre a ajouté : « S'il s'agit d'une cotisation modique, il n'y aura pas d'obstacle à son versement; mais si l'association cultuelle entendait faire passer une partie notable de ses recettes à l'association centrale, j'estime que la loi ne serait pas observée. » Cette fois, il a semblé que la légalité de la caisse centrale, telle que beaucoup d'Eglises la comprennent, était contestée. Mais alors le rapporteur est intervenu et la conversation a continué de la façon suivante :

« M. LE RAPPORTEUR. — Monsieur Denis, reportez-vous à l'article 20. L'union a le droit de recevoir des cotisations, puisque cet article dit :

« Ces associations peuvent, dans les formes déterminées par l'article 7 » du décret du 16 août 1901, constituer des unions ayant une admi- » nistration ou une direction centrale ; ces unions seront réglées par » l'article 18 et par les cinq derniers paragraphes de l'article 19 de la » présente loi. »

» M. GUSTAVE DENIS. — Parfaitement, monsieur le rapporteur. L'union a le droit de recevoir des cotisations ; mais la question est de savoir si l'association qui n'aura pas de surplus de recette aura le droit de lui en verser. C'est tout autre chose.

» UN SÉNATEUR A GAUCHE. — Cela dépendra des statuts. »

Après cette conversation, tout restait obscur. La question a été reprise par M. Philippe Berger dans une réplique à M. de Lamarzelle. On me permettra de citer une partie de ses paroles :

« Il me semble que M. de Lamarzelle a oublié quelque chose dans ce tableau des ressources qui seront mises à la disposition des associations cultuelles, ce sont les unions d'associations, autrement dit les associations centrales. Qu'en faites-vous ? Est-ce qu'elles sont là pour rien ? Non, et il me semble que c'est justement elles qui peuvent obvier aux inconvénients que je reconnais et qui sont réels. Je reconnais comme très réel l'inconvénient que, dans une petite commune, le prêtre soit à la merci d'une ou deux familles riches, et je considère qu'il vaut bien mieux qu'il puisse être payé de plus haut.

» C'est pour cela que, ce matin même, on demandait au président et au rapporteur de la commission, qui nous donnaient satisfaction sur ce point, que les associations pussent donner une part de leurs revenus à l'association centrale, à charge par celle-ci de payer les dépenses générales et, en particulier, le traitement des ministres du culte. Alors ce traitement ne sera plus une humiliation ni une cause d'assujettissement pour le prêtre qui les recevra. »

M. Berger a dit encore :

« A côté des associations locales, il y a l'association centrale qui aura, elle aussi, son budget, alimenté en partie par les cotisations versées par les associations locales. Celle qui aura plus donnera plus, celle qui aura moins donnera moins, et l'union des associations répartira le tout entre les différentes Eglises suivant le besoin. Voilà la véritable charité, celle qui n'humilie pas ; c'est la solidarité mise à la place de l'aumône. Le reste est affaire de règlement et d'administration, et certainement le règlement d'administration publique laissera une grande latitude à cet égard aux unions d'associations, de façon à leur permettre de remplir ce rôle de répartiteur qui serait parfois pénible si c'était l'association locale qui devait s'en charger. »

Cette interprétation lumineuse de la loi a été écoutée très attentivement par M. Bienvenu Martin comme par le rapporteur et le président de la commission. Aucun d'eux n'a protesté ni même fait un simple geste de dénégation. Elle paraît donc acquise. Il est clair, d'ailleurs, que, dans une organisation de ce genre, il n'y a ni confusion des patrimoines, ni difficultés de contrôle. Les écritures de chaque association et de l'union sont distinctes, portent trace des versements aux recettes et aux dépenses et sont soumises à un même contrôle.

LOI

CONCERNANT LA SÉPARATION DES ÉGLISES ET DE L'ÉTAT

Le Sénat et la Chambre des députés ont adopté,

Le Président de la République promulgue la loi dont la teneur suit :

TITRE Ier

PRINCIPES

Art. 1er. — La République assure la liberté de conscience. Elle garantit le libre exercice des cultes sous les seules restrictions édictées ci-après dans l'intérêt de l'ordre public.

Art. 2. — La République ne reconnaît, ne salarie ni ne subventionne aucun culte. En conséquence, à partir du 1er janvier qui suivra la promulgation de la présente loi, seront supprimées des budgets de l'Etat, des départements et des communes, toutes dépenses relatives à l'exercice des cultes. Pourront toutefois être inscrites auxdits budgets les dépenses relatives à des services d'aumônerie et destinées à assurer le libre exercice des cultes dans les établissements publics, tels que lycées, collèges, écoles, hospices, asiles et prisons.

Les établissements publics du culte sont supprimés, sous réserve des dispositions énoncées à l'article 3.

TITRE II

ATTRIBUTION DES BIENS — PENSIONS

Art. 3. — Les établissements dont la suppression est ordonnée par l'article 2 continueront provisoirement de fonctionner, conformément aux dispositions qui les régissent actuellement, jusqu'à l'attribution de leurs biens aux associations prévues par le titre IV et au plus tard jusqu'à l'expiration du délai ci-après.

Dès la promulgation de la présente loi, il sera procédé par les agents de l'administration des domaines à l'inventaire descriptif et estimatif:

1o Des biens mobiliers et immobiliers desdits établissements ;

2o Des biens de l'Etat, des départements et des communes dont les mêmes établissements ont la jouissance.

Ce double inventaire sera dressé contradictoirement avec les représentants légaux des établissements ecclésiastiques ou eux dûment appelés par une notification faite en la forme administrative.

Les agents chargés de l'inventaire auront le droit de se faire communiquer tous titres et documents utiles à leurs opérations.

Art. 4. — Dans le délai d'un an à partir de la promulgation de la présente loi, les biens mobiliers et immobiliers des menses, fabriques, conseils presbytéraux, consistoires et autres établissements publics du culte seront, avec toutes les charges et obligations qui les grèvent et avec leur affectation spéciale, transférés par les représentants légaux de ces établissements aux associations qui, en se conformant aux règles d'organisation générale du culte dont elles se proposent d'assurer l'exercice, se seront légalement formées, suivant les prescriptions de l'article 19, pour l'exercice de ce culte dans les anciennes circonscriptions desdits établissements.

Art. 5. — Ceux des biens désignés à l'article précédent qui proviennent de l'Etat et qui ne sont pas grevés d'une fondation pieuse créée postérieurement à la loi du 18 germinal an X feront retour à l'Etat.

Les attributions de biens ne pourront être faites par les établissements ecclésiastiques qu'un mois après la promulgation du règlement d'administration publique prévu à l'article 43. Faute de quoi la nullité pourra en être demandée devant le tribunal civil par toute partie intéressée ou par le ministère public.

En cas d'aliénation par l'association cultuelle de valeurs mobilières ou d'immeubles faisant partie du patrimoine de l'établissement public dissous, le montant du produit de la vente devra être employé en titres de rente nominatifs ou dans les conditions prévues au paragraphe 2 de l'article 22.

L'acquéreur des biens aliénés sera personnellement responsable de la régularité de cet emploi.

Les biens revendiqués par l'Etat, les départements ou les communes ne pourront être aliénés, transformés ni modifiés jusqu'à ce qu'il ait été statué sur la revendication par les tribunaux compétents.

Art. 6. — Les associations attributaires des biens des établissements ecclésiastiques supprimés seront tenues des dettes de ces établissements, ainsi que de leurs emprunts, sous réserve des dispositions du troisième paragraphe du présent article ; tant qu'elles ne seront pas libérées de ce passif, elles auront droit à la jouissance des biens productifs de revenus qui doivent faire retour à l'Etat en vertu de l'article 5.

Le revenu global desdits biens reste affecté au payement du reliquat des dettes régulières et légales de l'établissement public supprimé, lorsqu'il ne se sera formé aucune association cultuelle apte à recueillir le patrimoine de cet établissement.

Les annuités des emprunts contractés pour dépenses relatives aux édifices religieux seront supportées par les associations en proportion du temps pendant lequel elles auront l'usage de ces édifices par application des dispositions du titre III.

Dans le cas où l'Etat, les départements ou les communes rentreront en possession de ceux des édifices dont ils sont propriétaires, ils seront responsables des dettes régulièrement contractées et afférentes auxdits édifices.

Art. 7. — Les biens mobiliers ou immobiliers grevés d'une affectation charitable ou de toute autre affectation étrangère à l'exercice du culte seront attribués, par les représentants légaux des établissements ecclésiastiques, aux services ou établissements publics ou d'utilité publique, dont la destination est conforme à celle desdits biens. Cette attribution devra être approuvée par le préfet du département où siège l'établissement ecclésiastique. En cas de non-approbation, il sera statué par décret en conseil d'Etat.

Toute action en reprise ou en revendication devra être exercée dans un délai de six mois à partir du jour où l'arrêté préfectoral ou le décret approuvant l'attribution aura été inséré au *Journal officiel*. L'action ne pourra être intentée qu'en raison de donations ou de legs et seulement par les auteurs et leurs héritiers en ligne directe.

Art. 8. — Faute par un établissement ecclésiastique d'avoir, dans le délai fixé par l'article 4, procédé aux attributions ci-dessus prescrites, il y sera pourvu par décret.

A l'expiration dudit délai, les biens à attribuer seront, jusqu'à leur attribution, placés sous séquestre.

Dans le cas où les biens attribués en vertu de l'article 4 et du paragraphe 1er du présent article seront, soit dès l'origine, soit dans la suite, réclamés par plusieurs associations formées pour l'exercice du même culte, l'attribution qui en aura été faite par les représentants de l'établissement ou par décret pourra être contestée devant le conseil d'Etat statuant au contentieux, lequel prononcera en tenant compte de toutes les circonstances de fait.

La demande sera introduite devant le conseil d'Etat, dans le délai d'un an à partir de la date du décret ou à partir de la notification, à l'autorité préfectorale, par les représentants légaux des établissements publics du culte, de l'attribution effectuée par eux. Cette notification devra être faite dans le délai d'un mois.

L'attribution pourra être ultérieurement contestée en cas de scission dans l'association nantie, de création d'association nouvelle par suite d'une modification dans le territoire de la circonscription ecclésiastique et dans le cas où l'association attributaire n'est plus en mesure de remplir son objet.

Art. 9. — A défaut de toute association pour recueillir les biens d'un établissement public du culte, ces biens seront attribués par décret aux établissements communaux d'assistance ou de bienfaisance situés dans les limites territoriales de la circonscription ecclésiastique intéressée.

En cas de dissolution d'une association, les biens qui lui auront été dévolus en exécution des articles 4 et 8 seront attribués par décret rendu en conseil d'Etat, soit à des associations analogues dans la même circonscription, ou, à leur défaut, dans les circonscriptions les plus voisines, soit aux établissements visés au paragraphe 1er du présent article.

Toute action en reprise ou en revendication devra être exercée dans un délai de six mois à partir du jour où le décret aura été inséré au *Journal officiel*. L'action ne pourra être intentée qu'en raison de donations ou de legs et seulement par les auteurs et leurs héritiers en ligne directe.

Art. 10 — Les attributions prévues par les articles précédents ne donnent lieu à aucune perception au profit du Trésor.

Art. 11. — Les ministres des cultes qui, lors de la promulgation de la présente loi, seront âgés de plus de soixante ans révolus et qui auront, pendant trente ans au moins, rempli des fonctions ecclésiastiques rémunérées par l'Etat, recevront une pension annuelle et viagère égale aux trois quarts de leur traitement.

Ceux qui seront âgés de plus de quarante-cinq ans et qui auront, pendant vingt ans au moins, rempli des fonctions ecclésiastiques rémunérées par l'Etat, recevront une pension annuelle et viagère égale à la moitié de leur traitement.

Les pensions allouées par les deux paragraphes précédents ne pourront pas dépasser 1,500 fr.

En cas de décès des titulaires, ces pensions seront réversibles, jusqu'à concurrence de la moitié de leur montant, au profit de la veuve et des orphelins mineurs laissés par le défunt et, jusqu'à concurrence du quart, au profit de la veuve sans enfants mineurs. A la majorité des orphelins, leur pension s'éteindra de plein droit.

Les ministres des cultes actuellement salariés par l'Etat, qui ne seront pas dans les conditions ci-dessus, recevront, pendant quatre ans à partir de la suppression du budget des cultes une allocation égale à la totalité de leur traitement pour la première année, aux deux tiers pour la deuxième, à la moitié pour la troisième, au tiers pour la quatrième.

Toutefois, dans les communes de moins de 1,000 habitants et pour les ministres des cultes qui continueront à y remplir leurs fonctions, la durée de chacune des quatre périodes ci-dessus indiquées sera doublée.

Les départements et les communes pourront, sous les mêmes conditions que l'Etat, accorder aux ministres des cultes actuellement salariés par eux des pensions ou des allocations établies sur la même base et pour une égale durée.

Réserve est faite des droits acquis en matière de pensions par application de la législation antérieure, ainsi que des secours accordés, soit aux anciens ministres des différents cultes, soit à leur famille.

Les pensions prévues aux deux premiers paragraphes du présent article ne pourront se cumuler avec toute autre pension ou tout autre traitement alloué, à titre quelconque, par l'Etat, les départements ou les communes.

La loi du 27 juin 1885, relative au personnel des facultés de théologie catholique supprimées, est applicable aux professeurs, chargés de cours, maîtres de conférences et étudiants des facultés de théologie protestante.

Les pensions et allocations prévues ci-dessus seront incessibles et insaisissables dans les mêmes conditions que les pensions civiles. Elles cesseront de plein droit en cas de condamnation à une peine afflictive ou infamante ou en cas de condamnation pour l'un des délits prévus aux articles 34 et 35 de la présente loi.

Le droit à l'obtention ou à la jouissance d'une pension ou allocation sera suspendu par les circonstances qui font perdre la qualité de Français, durant la privation de cette qualité.

Les demandes de pension devront être, sous peine de forclusion, formées dans le délai d'un an, après la promulgation de la présente loi.

TITRE III

DES ÉDIFICES DES CULTES.

Art. 12. — Les édifices qui ont été mis à la disposition de la nation et qui, en vertu de la loi du 18 germinal an X, servent à l'exercice public des cultes ou au logement de leurs ministres (cathédrales, églises, chapelles, temples, synagogues, archevêchés, évêchés, presbytères, séminaires), ainsi que leurs dépendances immobilières et les objets mobiliers qui les garnissaient au moment où lesdits édifices ont été remis aux cultes, sont et demeurent propriétés de l'Etat, des départements et des communes.

Pour ces édifices, comme pour ceux postérieurs à la loi du 18 germinal an X, dont l'Etat, les départements et les communes seraient propriétaires, y compris les facultés de théologie protestante, il sera procédé conformément aux dispositions des articles suivants.

Art. 13. — Les édifices servant à l'exercice public du culte, ainsi que les objets mobiliers les garnissant, seront laissés gratuitement à la disposition des établissements publics du culte, puis des associations appelées à les remplacer auxquelles les biens de ces établissements auront été attribués par application des dispositions du titre II.

La cessation de cette jouissance, et, s'il y a lieu, son transfert seront prononcés par décret, sauf recours au conseil d'Etat statuant au contentieux :

1o Si l'association bénéficiaire est dissoute ;

2o Si, en dehors des cas de force majeure, le culte cesse d'être célébré pendant plus de six mois consécutifs ;

3o Si la conservation de l'édifice ou celle des objets mobiliers classés en vertu de la loi de 1887 et de l'article 16 de la présente loi est compromise par insuffisance d'entretien, et après mise en demeure dûment notifiée du conseil municipal, ou, à son défaut, du préfet;

4o Si l'association cesse de remplir son objet ou si les édifices sont détournés de leur destination ;

5o Si elle ne satisfait pas soit aux obligations de l'article 6 ou du dernier paragraphe du présent article, soit aux prescriptions relatives aux monuments historiques.

La désaffectation de ces immeubles pourra, dans les cas ci-dessus prévus, être prononcée par décret rendu en conseil d'Etat. En dehors de ces cas, elle ne pourra l'être que par une loi.

Les immeubles autrefois affectés aux cultes et dans lesquels les cérémonies du culte n'auront pas été célébrées pendant le délai d'un an antérieurement à la présente loi, ainsi que ceux qui ne seront pas réclamés par une association cultuelle dans le délai de deux ans après sa promulgation, pourront être désaffectés par décret.

Il en est de même pour les édifices dont la désaffectation aura été demandée antérieurement au 1er juin 1905.

Les établissements publics du culte, puis les associations bénéficiaires seront tenus des réparations de toute nature, ainsi que des frais d'assurance et autres charges afférentes aux édifices et aux meubles les garnissant.

Art. 14. — Les archevêchés, évêchés, les presbytères et leurs dépendances, les grands séminaires et facultés de théologie protestante seront laissés gratuitement à la disposition des établissements publics du culte, puis des associations prévues à l'article 13, savoir : les archevêchés et évêchés pendant une période de deux années ; les presbytères dans les communes où résidera le ministre du culte, les grands séminaires et facultés de théologie protestante pendant cinq années à partir de la promulgation de la présente loi.

Les établissements et associations sont soumis, en ce qui concerne ces édifices, aux obligations prévues par le dernier paragraphe de l'article 13. Toutefois ils ne seront pas tenus des grosses réparations.

La cessation de la jouissance des établissements et associations sera prononcée dans les conditions et suivant les formes déterminées par l'article 13. Les dispositions des paragraphes 3 et 5 du même article sont applicables aux édifices visés par le paragraphe 1er du présent article.

La distraction des parties superflues des presbytères laissés à la disposition des associations cultuelles pourra, pendant le délai prévu au paragraphe 1er, être prononcée pour un service public par décret rendu en conseil d'Etat.

A l'expiration des délais de jouissance gratuite, la libre disposition des édifices sera rendue à l'Etat, aux départements ou aux communes.

Les indemnités de logement incombant actuellement aux communes, à défaut de presbytère, par application de l'article 136 de la loi du 5 avril 1884, resteront à leur charge pendant le délai de cinq ans. Elles cesseront de plein droit en cas de dissolution de l'association.

Art. 15. — Dans les département de la Savoie, de la Haute-Savoie et des Alpes-Maritimes, la jouissance des édifices antérieurs à la loi du 18 germinal an X, servant à l'exercice des cultes ou au logement de leurs ministres, sera attribuée par les communes sur le territoire desquelles ils se trouvent, aux associations cultuelles dans les conditions indiquées par les articles 12 et suivants de la présente loi. En dehors de ces obligations, les communes pourront disposer librement de la propriété de ces édifices.

Dans ces mêmes départements, les cimetières resteront la propriété des communes.

Art. 16. — Il sera procédé à un classement complémentaire des édifices servant à l'exercice public du culte (cathédrales, églises, chapelles, temples, synagogues, archevêchés, évêchés, presbytères, séminaires), dans lequel devront être compris tous ceux de ces édifices représentant, dans leur ensemble ou dans leurs parties, une valeur artistique ou historique.

Les objets mobiliers ou les immeubles par destination mentionnés à l'article 13, qui n'auraient pas encore été inscrits sur la liste de classement dressée en vertu de la loi du 30 mars 1887, sont, par l'effet de la présente loi, ajoutés à ladite liste. Il sera procédé par le ministre de l'instruction publique et des beaux-arts, dans le délai de trois ans, au classement définitif de ceux de ces objets dont la conservation présenterait, au point de vue de l'histoire ou de l'art, un intérêt suffisant. A l'expiration de ce délai, les autres objets seront déclassés de plein droit.

En outre, les immeubles et les objets mobiliers, attribués en vertu de la présente loi aux associations, pourront être classés dans les mêmes conditions que s'ils appartenaient à des établissements publics.

Il n'est pas dérogé, pour le surplus, aux dispositions de la loi du 30 mars 1887.

Les archives ecclésiastiques et bibliothèques existant dans les archevêchés, évêchés, grands séminaires, paroisses succursales et leurs dépendances, seront inventoriées et celles qui seront reconnues propriété de l'Etat lui seront restituées.

Art. 17. — Les immeubles par destination classés en vertu de la loi du 30 mars 1887 ou de la présente loi sont inaliénables et imprescriptibles.

Dans le cas où la vente ou l'échange d'un objet classé serait autorisé par le ministre de l'instruction publique et des beaux-arts, un droit de préemption est accordé: 1º aux associations cultuelles ; 2º aux communes ; 3º aux départements ; 4º aux musées et sociétés d'art et d'archéologie ; 5º à l'Etat. Le prix sera fixé par trois experts que désigneront le vendeur, l'acquéreur et le président du tribunal civil.

Si aucun des acquéreurs visés ci-dessus ne fait usage du droit de préemption, la vente sera libre ; mais il est interdit à l'acheteur d'un objet classé de le transporter hors de France.

Nul travail de réparation, restauration ou entretien à faire aux monuments ou objets mobiliers classés ne peut être commencé sans l'autorisation du ministre des beaux-arts, ni exécuté hors de la surveillance de son administration; sous peine, contre les propriétaires, occupants ou détenteurs qui auraient ordonné ces travaux, d'une amende de seize à quinze cents francs (16 à 1.500 fr.).

Toute infraction aux dispositions ci-dessus ainsi qu'à celles de l'article 16 de la présente loi et des articles 4, 10, 11, 12 et 13 de la loi du 30 mars 1887 sera punie d'une amende de cent à dix mille francs (100 à 10.000 fr.), et d'un emprisonnement de six jours à trois mois, ou de l'une de ces deux peines seulement.

La visite des édifices et l'exposition des objets mobiliers classés seront publiques ; elles ne pourront donner lieu à aucune taxe ni redevance.

TITRE IV

DES ASSOCIATIONS POUR L'EXERCICE DES CULTES.

Art. 18. — Les associations formées pour subvenir aux frais, à l'entretien et à l'exercice public d'un culte devront être constituées conformément aux articles 5 et suivants du titre Ier de la loi du 1er juillet 1901. Elles seront, en outre, soumises aux prescriptions de la présente loi.

Art. 19. — Ces associations devront avoir exclusivement pour objet l'exercice d'un culte et être composées au moins :

Dans les communes de moins de 1.000 habitants, de sept personnes ;

Dans les communes de 1.000 à 20.000 habitants, de quinze personnes ;

Dans les communes dont le nombre des habitants est supérieur à 20.000, de vingt-cinq personnes majeures, domiciliées ou résidant dans la circonscription religieuse.

Chacun de leurs membres pourra s'en retirer en tout temps, après payement des cotisations échues et de celles de l'année courante, nonobstant toute clause contraire.

Nonobstant toute clause contraire des statuts, les actes de gestion financière et d'administration légale des biens accomplis par les directeurs ou administrateurs seront, chaque année au moins, présentés au contrôle de l'assemblée générale des membres de l'association et soumis à son approbation.

Les associations pourront recevoir, en outre des cotisations prévues par l'article 6 de la loi du 1er juillet 1901, le produit des quêtes et collectes pour les frais du culte, percevoir des rétributions : pour les cérémonies et services religieux même par fondation ; pour la location des bancs et sièges ; pour la fourniture des objets destinés au service des funérailles dans les édifices religieux et à la décoration de ces édifices.

Elles pourront verser, sans donner lieu à perception de droits, le surplus de leurs recettes à d'autres associations constituées pour le même objet.

Elles ne pourront, sous quelque forme que ce soit, recevoir des subventions de l'Etat, des départements ou des communes. Ne sont pas considérées comme subventions les sommes allouées pour réparations aux monuments classés.

Art. 20. — Ces associations peuvent, dans les formes déterminées par l'article 7 du décret du 16 août 1901, constituer des unions ayant une administration ou une direction centrale ; ces unions seront réglées par l'article 18 et par les cinq derniers paragraphes de l'article 19 de la présente loi.

Art. 21. — Les associations et les unions tiennent un état de leurs recettes et de leurs dépenses ; elles dressent chaque année le compte financier de l'année écoulée et l'état inventorié de leurs biens, meubles et immeubles.

Le contrôle financier est exercé sur les associations et sur les unions par l'administration de l'enregistrement et par l'inspection générale des finances.

Art. 22. — Les associations et unions peuvent employer leurs ressources disponibles à la constitution d'un fonds de réserve suffisant pour assurer les frais et l'entretien du culte et ne pouvant en aucun cas recevoir une autre destination : le montant de cette réserve ne pourra jamais dépasser une somme égale, pour les unions et associations ayant plus de cinq mille francs (5.000 francs) de revenu, à trois fois et, pour les autres associations, à six fois la moyenne annuelle des sommes dépensées par chacune d'elles pour les frais du culte pendant les cinq derniers exercices.

Indépendamment de cette réserve, qui devra être placée en valeurs nominatives, elles pourront constituer une réserve spéciale dont les fonds devront être déposés, en argent ou en titres nominatifs, à la caisse des dépôts et consignations pour être exclusivement affectés, y compris les intérêts, à l'achat, à la construction, à la décoration ou à la réparation d'immeubles ou meubles destinés aux besoins de l'association ou de l'union.

Art. 23. — Seront punis d'une amende de seize francs (16 fr.) à deux cents francs (200 francs) et, en cas de récidive, d'une amende double les directeurs ou administrateurs d'une association ou d'une union qui auront contrevenu aux articles 18, 19, 20, 21 et 22.

Les tribunaux pourront, dans le cas d'infraction au paragraphe 1er de l'article 22, condamner l'association ou l'union à verser l'excédent constaté aux établissements communaux d'assistance ou de bienfaisance.

Ils pourront, en outre, dans tous les cas prévus au paragraphe 1er du présent article, prononcer la dissolution de l'association ou de l'union.

Art. 24. — Les édifices affectés à l'exercice du culte appartenant à l'Etat, aux départements ou aux communes continueront à être exemptés de l'impôt foncier et de l'impôt des portes et fenêtres.

Les édifices servant au logement des ministres des cultes, les séminaires, les facultés de théologie protestante qui appartiennent à l'Etat.

aux départements ou aux communes, les biens qui sont la propriété des associations et unions sont soumis aux mêmes impôts que ceux des particuliers.

Les associations et unions ne sont en aucun cas assujetties à la taxe d'abonnement ni à celle imposée aux cercles par l'article 33 de la loi du 8 août 1890, pas plus qu'à l'impôt de 4 p· 100 sur le revenu établi par les lois du 28 décembre 1880 et du 29 décembre 1884.

TITRE V

POLICE DES CULTES.

Art. 25. — Les réunions pour la célébration d'un culte tenues dans les locaux appartenant à une association cultuelle ou mis à sa disposition sont publiques. Elles sont dispensées des formalités de l'article 8 de la loi du 30 juin 1881, mais restent placées sous la surveillance des autorités dans l'intérêt de l'ordre public. Elles ne peuvent avoir lieu qu'après une déclaration faite dans les formes de l'article 2 de la même loi et indiquant le local dans lequel elles seront tenues.

Une seule déclaration suffit pour l'ensemble des réunions permanentes, périodiques ou accidentelles qui auront lieu dans l'année.

Art. 26. — Il est interdit de tenir des réunions politiques dans les locaux servant habituellement à l'exercice d'un culte.

Art. 27. — Les cérémonies, processions et autres manifestations extérieures d'un culte continueront à être réglées en conformité des articles 95 et 97 de la loi municipale du 5 avril 1884.

Les sonneries de cloches seront réglées par arrêté municipal, et en cas de désaccord entre le maire et le président ou directeur de l'association cultuelle, par arrêté préfectoral.

Le règlement d'administration publique prévu par l'article 43 de la présente loi déterminera les conditions et les cas dans lesquels les sonneries civiles pourront avoir lieu.

Art. 28. — Il est interdit, à l'avenir, d'élever ou d'apposer aucun signe ou emblème religieux sur les monuments publics ou en quelque emplacement public que ce soit, à l'exception des édifices servant au culte, des terrains de sépulture dans les cimetières, des monuments funéraires, ainsi que des musées ou expositions.

Art. 29. — Les contraventions aux articles précédents sont punies des peines de simple police.

Sont passibles de ces peines, dans le cas des articles 25, 26 et 27, ceux qui ont organisé la réunion ou manifestation, ceux qui y ont participé en qualité de ministres du culte et, dans le cas des articles 25 et 26, ceux qui ont fourni le local.

Art. 30. — Conformément aux dispositions de l'article 2 de la loi du 28 mars 1882, l'enseignement religieux ne peut être donné aux enfants âgés de six à treize ans, inscrits dans les écoles publiques, qu'en dehors des heures de classe.

Il sera fait application aux ministres des cultes qui enfreindraient ces prescriptions, des dispositions de l'article 14 de la loi précitée.

Art. 31. — Sont punis d'une amende de seize francs (16 fr.) à deux cents francs (200 fr.) et d'un emprisonnement de six jours à deux mois ou de l'une de ces deux peines seulement ceux qui, soit par voies de fait, violences ou menaces contre un individu, soit en lui faisant craindre de perdre son emploi ou d'exposer à un dommage sa personne, sa famille ou sa fortune, l'auront déterminé à exercer ou à s'abstenir d'exercer un culte, à faire partie ou à cesser de faire partie d'une association cultuelle, à contribuer ou à s'abstenir de contribuer aux frais d'un culte.

Art. 32. — Seront punis des mèmes peines ceux qui auront empêché, retardé ou interrompu les exercices d'un culte par des troubles ou désordres causés dans le local servant à ces exercices.

Art. 33. — Les dispositions des deux articles précédents ne s'appliquent qu'aux troubles, outrages ou voies de fait, dont la nature ou les circonstances ne donneront pas lieu à de plus fortes peines d'après les dispositions du Code pénal.

Art. 34. — Tout ministre d'un culte qui, dans les lieux où s'exerce ce culte, aura publiquement par des discours prononcés, des lectures faites, des écrits distribués ou des affiches apposées, outragé ou diffamé un citoyen chargé d'un service public sera puni d'une amende de cinq cents francs à trois mille fr. (500 à 3.000 fr.), et d'un emprisonnement de un mois à un an, ou de l'une de ces deux peines seulement.

La vérité du fait diffamatoire, mais seulement s'il est relatif aux fonctions, pourra être établie devant le tribunal correctionnel dans les formes prévues par l'article 52 de la loi du 29 juillet 1881. Les prescriptions édictées par l'article 65 de la même loi s'appliquent aux délits du présent article et de l'article qui suit.

Art. 35. — Si un discours prononcé ou un écrit affiché ou distribué publiquement dans les lieux où s'exerce le culte, contient une provocation directe à résister à l'exécution des lois ou aux actes légaux de l'autorité publique, où s'il tend à soulever ou à armer une partie des citoyens contre les autres, le ministre du culte qui s'en sera rendu coupable, sera puni d'un emprisonnement de trois mois à deux ans, sans préjudice des peines de la complicité, dans le cas où la provocation aurait été suivie d'une sédition, révolte ou guerre civile.

Art. 36. — Dans le cas de condamnation par les tribunaux de simple police ou de police correctionnelle en application des articles 25 et 26, 34 et 35, l'association constituée pour l'exercice du culte dans l'immeuble où l'infraction a été commise sera civilement responsable.

TITRE VI

DISPOSITIONS GÉNÉRALES

Art. 37. — L'article 463 du Code pénal et la loi du 26 mars 1891 sont applicables à tous les cas dans lesquels la présente loi édicte des pénalités.

Art. 38. — Les congrégations religieuses demeurent soumises aux lois des 1er juillet 1901, 4 décembre 1902 et 7 juillet 1904.

Art. 39. — Les jeunes gens, qui ont obtenu à titre d'élèves ecclésiastiques la dispense prévue par l'article 23 de la loi du 15 juillet 1889, continueront à en bénéficier conformément à l'article 99 de la loi du 21 mars 1905, à la condition qu'à l'âge de vingt-six ans ils soient pourvus d'un emploi de ministre du culte rétribué par une association cultuelle et sous réserve des justifications qui seront fixées par un règlement d'administration publique.

Art. 40. — Pendant huit années à partir de la promulgation de la présente loi, les ministres du culte seront inéligibles au conseil municipal dans les communes où ils exerceront leur ministère ecclésiastique.

Art. 41. — Les sommes rendues disponibles chaque année par la suppression du budget des cultes seront réparties entre les communes au prorata du contingent de la contribution foncière des propriétés non bâties qui leur aura été assigné pendant l'exercice qui précédera la promulgation de la présente loi.

Art. 42. — Les dispositions légales relatives aux jours actuellement fériés sont maintenues.

Art. 43. — Un règlement d'administration publique rendu dans les trois mois qui suivront la promulgation de la présente loi déterminera les mesures propres à assurer son application.

Des règlements d'administration publique détermineront les conditions dans lesquelles la présente loi sera applicable à l'Algérie et aux colonies.

Art. 44. — Sont et demeurent abrogées toutes les dispositions relatives à l'organisation publique des cultes antérieurement reconnus par l'Etat, ainsi que toutes dispositions contraires à la présente loi et notamment :

1o La loi du 18 germinal an X, portant que la convention passée le 26 messidor an IX entre le pape et le Gouvernement français, ensemble les articles organiques de ladite convention et des cultes protestants, seront exécutés comme des lois de la République ;

2o Le décret du 26 mars 1852 et la loi du 1er août 1879 sur les cultes protestants ;

3o Les décrets du 17 mars 1808, la loi du 8 février 1831 et l'ordonnance du 25 mai 1844 sur le culte israélite ;

4o Les décrets des 22 décembre 1812 et 19 mars 1859 ;

5⁰ Les articles 201 à 208, 260 à 264, 294 du code pénal ;

6⁰ Les articles 100 et 101, les paragraphes 11 et 12 de l'article 136 et l'article 167 de la loi du 5 avril 1884 ;

7⁰ Le décret du 30 décembre 1809 et l'article 78 de la loi du 26 janvier 1892.

La présente loi, délibérée et adoptée par le Sénat et par la Chambre des députés, sera exécutée comme loi de l'Etat.

Fait à Paris, le 9 décembre 1905.

EMILE LOUBET.

Par le Président de la République :

Le Président du Conseil,
Ministre des Affaires étrangères,

ROUVIER.

Le Ministre de l'Instruction publique,
des Beaux-Arts et des Cultes,

BIENVENU MARTIN.

Le Ministre de l'Intérieur,

F. DUBIEF.

Le Ministre des Finances,

P. MERLOU.

Le Ministre des Colonies,

CLÉMENTEL.

EXTRAIT DE LA LOI DU 1er JUILLET 1901

Le Sénat et la Chambre des députés ont adopté,

Le Président de la République promulgue la loi dont la teneur suit :

TITRE PREMIER

Article premier. — L'association est la convention par laquelle deux ou plusieurs personnes mettent en commun d'une façon permanente leurs connaissances ou leur activité dans un but autre que de partager des bénéfices. Elle est régie, quant à sa validité, par les principes généraux du droit applicables aux contrats et obligations.

Art. 2. — Les associations de personnes pourront se former librement sans autorisation ni déclaration préalable, mais elles ne jouiront de la capacité juridique que si elles se sont conformées aux dispositions de l'article 5.

Art. 3. — Toute association fondée sur une cause ou en vue d'un objet illicite, contraire aux lois, aux bonnes mœurs, ou qui aurait pour but de porter atteinte à l'intégrité du territoire national et à la forme républicaine du Gouvernement, est nulle et de nul effet.

Art. 4. — Tout membre d'une association qui n'est pas formée pour un temps déterminé peut s'en retirer en tout temps, après payement des cotisations échues et de l'année courante, nonobstant toute clause contraire.

Art. 5. — Toute association qui voudra obtenir la capacité juridique, prévue par l'article 6, devra être rendue publique par les soins de ses fondateurs.

La déclaration préalable en sera faite à la préfecture du département ou à la sous-préfecture de l'arrondissement où l'association aura son siège social. Elle fera connaître le titre et l'objet de l'association, le siége de ses établissements et les noms, professions et domiciles de ceux qui, à un titre quelconque, sont chargés de son administration ou de sa direction. Il en sera donné récépissé.

Deux exemplaires des statuts seront joints à la déclaration.

Les associations sont tenues de faire connaître dans les trois mois tous les changements survenus dans leur administration ou direction, ainsi que toutes les modifications apportées à leurs statuts.

Ces modifications et changements ne sont opposables aux tiers qu'à partir du jour où ils auront été déclarés.

Les modifications et changements seront en outre consignés sur un registre spécial qui devra être présenté aux autorités administratives ou judiciaires chaque fois qu'elles en feront la demande.

Art. 6. — Toute association régulièrement déclarée peut, sans aucune autorisation spéciale, ester en justice, acquérir à titre onéreux, posséder et administrer, en dehors des subventions de l'Etat, des départements et des communes :

1º Les cotisations de ses membres ou les sommes au moyen desquelles ces cotisations ont été rédimées, ces sommes ne pouvant être supérieures à cinq cents francs (500 francs) ;

2º Le local destiné à l'administration de l'association et à la réunion de ses membres ;

3º Les immeubles strictement nécessaires à l'accomplissement du but qu'elle se propose.

Art. 7. — En cas de nullité prévue par l'article 3, la dissolution de l'association sera prononcée par le tribunal civil, soit à la requête de tout intéressé, soit à la diligence du ministère public.

En cas d'infraction aux dispositions de l'article 5, la dissolution pourra être prononcée à la requête de tout intéressé ou du ministère public.

Art. 8. — Seront punis d'une amende de seize à deux cents francs (16 à 200 francs) et, en cas de récidive, d'une amende double, ceux qui auront contrevenu aux dispositions de l'article 5.

Seront punis d'une amende de seize à cinq mille francs (16 à 5.000 fr.) et d'un emprisonnement de six jours à un an, les fondateurs, directeurs ou administrateurs de l'association qui se serait maintenue ou reconstituée illégalement après le jugement de dissolution.

Seront punies de la même peine toutes les personnes qui auront favorisé la réunion des membres de l'association dissoute, en consentant l'usage d'un local dont elles disposent.

Art. 9. — En cas de dissolution volontaire, statutaire ou prononcée par justice, les biens de l'association seront dévolus conformément aux statuts, ou, à défaut de disposition statutaire, suivant les règles déterminées en assemblée générale.

EXTRAIT DU DÉCRET DU 16 AOUT 1901

Le Président de la République française,

Sur le rapport du ministre de l'Intérieur,

Vu la loi du 1er juillet 1901, relative au contrat d'association, et notamment l'article 20 ainsi conçu : « Un règlement d'administration publique déterminera les mesures propres à assurer l'exécution de la présente loi » ;

Vu les articles 4 et 7 de la loi du 24 mai 1825 ;

Vu l'arrêté ministériel du 1er juillet 1901 ;

Vu l'avis du ministre de l'Instruction publique ;

Le Conseil d'Etat entendu,

Décrète :

TITRE Ier

Des Associations.

CHAPITRE Ier

ASSOCIATIONS DÉCLARÉES

Art. 1er. — La déclaration prévue par l'article 5, paragraphe 2, de la loi du 1er juillet 1901 est faite par ceux qui, à un titre quelconque, sont chargés de l'administration ou de la direction de l'association.

Dans le délai d'un mois, elle est rendue publique par leurs soins, au moyen de l'insertion au *Journal Officiel* d'un extrait contenant la date de la déclaration, le titre et l'objet de l'association, ainsi que l'indication de son siège social.

L'extrait est reproduit par les soins du préfet au Recueil des Actes administratifs de la préfecture.

Art. 2. — Toute personne a droit de prendre communication sans déplacement, au secrétariat de la préfecture ou de la sous-préfecture, des statuts et déclarations ainsi que des pièces faisant connaître les modifications de statuts et les changements survenus dans l'administration ou la direction. Elle peut même s'en faire délivrer à ses frais expédition ou extrait.

Art. 3. — Les déclarations relatives aux changements survenus dans l'administration ou la direction de l'association mentionnent :

1o Les changements de personnes chargées de l'administration ou de la direction ;

2o Les nouveaux établissements fondés ;

3o Le changement d'adresse dans la localité où est situé le siège social ;

4o Les acquisitions ou aliénations du local et des immeubles spécifiés à l'article 6 de la loi du 1er juillet 1901 ; un état descriptif, en cas d'acquisition, et l'indication des prix d'acquisition ou d'aliénation doivent être joints à la déclaration.

Art. 4. — Pour le département de la Seine, les déclarations et les dépôts de pièces annexées sont faits à la préfecture de police.

Art. 5. — Le récépissé de toute déclaration contient l'énumération des pièces annexées ; il est daté et signé par le préfet ou son délégué, ou par le sous-préfet.

Art. 6. — Les modifications apportées aux statuts et les changements survenus dans l'administration ou la direction de l'association sónt transcrits sur un registre tenu au siége de toute association déclarée ; les dates des récépissés relatifs aux modifications et changements sont mentionnées au registre,

La présentation dudit registre aux autorités administratives ou judiciaires, sur leur demande, se fait sans déplacement au siège social.

Art. 7. — Les unions d'associations ayant une administration ou une direction centrale sont soumises aux dispositions qui précèdent. Elles déclarent, en outre, le titre, l'objet et le siège des associations qui les composent. Elles font connaître dans les trois mois les nouvelles associations adhérentes.

TABLE DES MATIÈRES

Dole-du-Jura. — Imprimerie Girardi et Audebert.